여성 리더

성과와 관계의
판을 바꾸는 실전 기술

새로고침

셀프헬프
self·help
시 리 즈

"나다움을 찾아가는 힘"
사람은 매 순간 달라진다. 1분이 지나면 1분의 변화가, 1시간이 지나면 1시간의 변화가 쌓이는 게 사람이다. 보고 듣고 냄새 맡고 말하고 만지고 느끼면서 사람의 몸과 마음은 수시로 변한다. 오늘의 나는 어제의 나와는 전혀 다른 사람이다. 셀프헬프self·help 시리즈를 통해 매 순간 새로워지는 나 자신을 발견하길 바란다.

여성 리더 새로고침

성과와 관계의
판을 바꾸는 실전 기술

초판1쇄 발행
2026년 4월 27일
초판2쇄 발행
2026년 5월 30일

지은이
김문경, 강명신, 이미재,
박보경, 신정순

펴낸이
김태영

펴낸곳
씽크스마트 책짓는 집

주소
경기도 고양시 덕양구
청초로 66
덕은리버워크 B-1403호

전화
02-323-5609

출판사 등록번호
제395-313000025
1002001000106호

ISBN
978-89-6529-496-2
(13320)

정가
18,000원

© 김문경, 강명신, 이미재,
박보경, 신정순

이 책을 만든 사람들

책임편집
김무영

편집
신재혁

홈페이지
www.tsbook.co.kr
인스타그램
@thinksmart.official
이메일
thinksmart@kakao.com

＊**씽크스마트** 더 큰 생각으로 통하는 길
'더 큰 생각으로 통하는 길' 위에서 삶의 지혜를 모아 '인문교양, 자기계발, 자녀교육, 어린이 교양 · 학습, 정치사회, 취미생활' 등 다양한 분야의 도서를 출간합니다. 바람직한 교육관을 세우고 나다움의 힘을 기르며, 세상에서 소외된 부분을 바라봅니다. 첫 원고부터 책의 완성까지 늘 시대를 읽는 기획으로 책을 만들어, 넓고 깊은 생각으로 세상을 살아갈 수 있는 힘을 드리고자 합니다.

＊**도서출판 큐** 더 쓸모 있는 책을 만나다
도서출판 큐는 울퉁불퉁한 현실에서 만나는 다양한 질문과 고민에 답하고자 만든 실용교양 임프린트입니다. 새로운 작가와 독자를 개척하며, 변화하는 세상 속에서 책의 쓸모를 키워갑니다. 흥겹게 춤추듯 시대의 변화에 맞는 '더 쓸모 있는 책'을 만들겠습니다.

자신만의 생각이나 이야기를 펼치고 싶은 당신. 책으로 사람들에게 전하고 싶은 아이디어나 원고를 메일(thinksmart@kakao.com)로 보내주세요. 씽크스마트는 당신의 소중한 원고를 기다리고 있습니다.

여성 리더

성과와 관계의
판을 바꾸는 실전 기술

싸로고침

김문경, 강명신, 이미재, 박보경, 신정순 지음

커리어 성장을 원하는 이들의 셀프 코칭 가이드

한국에서 훌륭한 커리어를 쌓고 성취한 여성들은 모두 사연이 한가득이다. 열망과 노력이 주요 챕터라면 회의감과 좌절, 오기도 몇 챕터, 그리고 거기서 얻은 지혜가 마지막 챕터로 기록되지 않을까. 이 책은 커리어 우먼에서 코치로 성장한 이들이 찐 언니로서 후배들에게 들려주고 싶은 지혜들을 정리한 내용이다.

조직에서 실제 겪었던 사례들은 진정성 있어서 큰 공감을 일으킨다. 내로라하는 일잘러로 성장하는 과정의 경험은 저용 가이드로 정리되어 있다. 스스로 셀프 코칭할 수 있는 하이엔드 코칭 프레임은 독자들에게 성찰의 도구가 될 것이다. 결핍을 동기로 바꾸라는 말, 분노나 서운함의 감정을 욕구의 언어로 번역해서 '나는 무엇을 원하는 걸까? 어떤 욕구가 채워지지 않아 이렇게 힘든 걸까?'를 질문해 보라는 말은 그 자체가 굉장한 코칭이다.

사실 이 책은 여성만이 아니라 슬기로운 직장 생활을 원하는 모든 이들에게 권할 만하다. 여성이 앞서서, 그리고 첨예하게 겪을 뿐이지, 우리들의 미숙한 에고와 불안감을 건강한 성장의 에너지로 바꾸는 건 모두에게 필요하기 때문이다. 조직 적응과 커리어 업그레이드를 위해 일독을 권한다.

국민대학교 경영대 교수, 고현숙

정글 같은 조직에서 길을 잃은 여성 리더들을 위한 가장 현실적이고도 품격 있는 조언

우리는 AI가 모든 정답을 찾아줄 것 같은 시대를 살고 있지만, 역설적으로 조직 안에서 개인의 고립감과 성장에 대한 갈증은 더욱 깊어지고 있다. 이러한 시기에 42년이라는 축적의 시간을 견뎌낸 다섯 명의 리더가 건네는 이 기록은, 단순한 성공담을 넘어선다.

원고를 읽는 내내 저 또한 초기 여성 리더로서 마주해야 했던 수많은 장벽과 치열했던 고민의 순간들이 떠올라 깊이 공감하지 않을 수 없었다. 앞서간 이가 없어 막막했던 길 위에서 '나만 유별난 것은 아닐까' 자책하며 버텼던 지난날들이 저자들의 고백과 겹쳐 보였기 때문이다. 이 책은 화려한 '롤모델'의 환상을 심어주는 대신, 스스로를 '롤리얼(Role Real)'이라 명명하며 현장의 민낯을 가감 없이 드러낸다. 저자들이 높은 자리에 올랐었다는 것은, 수많은 흔들림 속에서도 자신만의 중심을 잡고 '나다운 성장'을 일궈냈기에 가능했을 것이다.

본 서에서 제시하는 코칭형 리더십의 '하이엔드 4D 코칭' 모델은 매우 정교하고 실천적이다. 근면함을 넘어 성과를 가시화하고 인정받는 전략인 Performance(성과), 조직 내 정치를 넘어 건강한 네트워크를 구축하는 지혜인 Relationship(관계), 눈에 보이지 않는 조직의 흐름을 읽고 선제적으로 대응하는 통찰인 Context(맥락), 감정을 억누르는 것이 아니라 리더십의 강력한 엔진으로 승화시키는 태도인 Emotion(감정)까지, 이 네 가지 축은 여성 리더십의 본질을 관통한다.

저자들은 이 입체적인 프레임을 통해 후배 여성 리더들이 겪는, 이른바 '착한 여자 콤플렉스'나 '유리천장'의 한계를 어떻게 유연하게 돌파할 수 있는지 명쾌한 해답을 제시한다. 이제 막 리더의 길에 들어선 초보 관리자에게는 든든한 '믿는 구석'이 되어줄 것이며, 정체기에 머물러 있는 중견 리더에게는 자신의 커리어를

'앙코르'로 바꿀 수 있는 뜨거운 영감을 줄 것이다.

조직의 언어와 인간의 온기를 동시에 담아낸 이들의 코칭은 기술이 대체할 수 없는 '하이엔드' 리더십을 잘 설명해 준다. 지금 이 순간에도 자신의 자리를 묵묵히 지키는 모든 여성 리더에게, 이 소중한 기록이 가장 따뜻하고 강력한 응원군이 되리라 확신하며 뿌듯한 마음으로 일독을 권한다.

아모레퍼시픽 부사장, **김경연**

맥락과 현답을 제시하는 책

저는 이론서보다 현장의 뜨거운 땀이 담긴 리얼 스토리를 신뢰합니다. 기업의 최상의 위치에서 현장을 지켜온 '진짜 언니'들의 지혜는 단순한 조언을 넘어, 변화의 시대를 돌파할 가장 생생한 나침반이 되어줄 것 같습니다.

모든 것이 데이터로 치환되고 AI가 즉답을 내놓는 시대입니다. 하지만 역설적이게도 지금 리더에게 가장 요구되는 역량은 단순한 '정답'이 아니라 변화의 흐름 속에서 '맥락을 읽는 힘'입니다. 이 책은 '하이엔드 코칭'으로 그런 '맥락'과 '현답'을 제시합니다.

여성이 많은 회사에서 오랫동안 근무하고 있는

저의 관점에서 작가님들의 스토리는 살아있는 '진짜'입니다. 이 책은 성장을 갈망하는 여성은 물론, 그들과 함께 성공의 가치를 만들어가고 싶은 모든 리더가 반드시 읽어야 할 살아있는 '롤리얼(Role-real)'의 기록입니다. 30년의 현장감을 책 한 권으로 코칭받을 수 있다는 것은 이 책을 선택한 분들에게 큰 행운입니다.

쥬비스다이어트 대표이사, 김대경

현실적인 질문에 답하는 책

누구보다 최선을 다해서 대기업에서 성공의 길을 달려왔던, 하지만 어느 순간 이유 없이 지쳤던 우리들에게 이 책은 더 강해지라고 강요하지 않는다. 성과를 내면서도 나 자신을 잃지 않는 법, 관계를 잘 풀어가면서도 권위를 인정받는 법, 여러 현실적인 질문에 자신들의 노하우를 아낌없이 공개한다. '현실적인 결핍과 갈등 속에서도 우리다움을 쌓아가며, 성과를 내고 성장해 갈 수 있다는 것을 확신하게 해주는 책'이다. 오늘도 치열하게 사회생활을 하는 후배들에게 꼭 권해주고 싶다.

태경그룹 회장, 김해련

현실적인 나침반이 되는 책

이 책은 '여성 리더십'을 말하지만, 익숙한 성공담이나 구호를 반복하지 않는다. 대신 현장에서 살아남아 온 사람만이 쓸 수 있는 언어로 리더의 실제를 다룬다. 나는 수많은 기업의 리더를 검증하고, 선발하고, 교체해 온 헤드헌터로서 성과를 내는 리더와 오래 가는 리더가 다르다는 사실을 누구보다 가까이에서 보아왔다. 이 책의 저자들은 바로 그 간극을 정확히 짚는다. 버티는 힘, 관계를 설계하는 능력, 감정을 관리하는 기술, 그리고 타이틀이 없어도 이미 작동하고 있는 리더십의 실체를 말이다. 특히 인상 깊었던 점은 '더 강해져라'거나 '더 버텨라'는 주문이 아니라, 이미 충분히 버텨온 사람들에게 필요한 다음 언어를 제시한다는 것이다. 조직 안에서 소진되지 않으면서도 성과를 만들어야 하는 리더라면 이 책의 문장 하나하나가 현실적인 나침반이 될 것이다. 리더십은 더 이상 일부의 자질이나 성격의 문제가 아니다. 이 책은 그 사실을 경험과 구조, 언어로 증명한다. 지금 리더의 자리에 있거나, 그 문 앞에 서 있는 모든 여성에게 나는 이 책을 자신 있게 추천한다.

유니코써치 대표, 김혜양

여성 리더를 위한 코칭

나는 리더를 꿈꾸지 않았었다. 그건 내 탓이 아니다. 돋보이는 자질을 보이거나 강한 자존감으로 내 주장을 펼치면, "네가 아들로 태어났어야 했는데."라는 소리나 듣는 어린 시절을 보낸 세대다. 입사했을 때 회사에는 여자 선배들이 손에 꼽을 정도로 적었다. 그리고 분명 최선을 다해 살아내고 있었던 그 선배들을 보며 나는, 그들처럼 되고 싶기보다 그들처럼 되지 않아야겠다고 다짐해 버리곤 했다. 그 또한 그들의 탓이 아니다. 돌아보면 그저 그건 슬픈 일이었다.

남자들이 절대다수인 거대한 조직에서 여성으로서 어떻게 잘 살아야 할지에 대해 나는 보지 못했고, 보지 못했기에 묻지 않았고, 끝내 그게 물어야 될 문제라고 생각지 않았다. 우리 세대는 그렇게 운이 없었다. 왜냐하면 그건 결정적 질문이고, 분명히 물어야 할 문제이며, 또 배우고 스스로 통찰하여 자신을 위한 최선의 답을 찾을 수 있는 문제이기 때문이다.

그랬더라면 어쩌면 나는 좀더 일찍 리더의 길을 꿈꿨을지도 모른다. 그저 열심히 일만 하지 않고 그 성과에 내 레이블을 붙이는 법을 깨달았을지도 모른다. 업무적 좌절이 아니라 조직 생리 부적응에 좌절하며 심연으로 빠지는 일을 반복하지 않았을지도 모른다. 무엇보다 여성 사회인으로서, 좀더 행복해하는 순간이 분명 더 많았으리라.

아직 슬픈 일은 끝나지 않았다. 한국 사회에서 여성은 여전히 여성 전용 코칭을 필요로 한다. 그게 이 책이 세상에 나오는 이유다. 찐언니들이 여러분의 좌절과 고민, 통찰과 성장에 함께할 것이다. 그리고 확실한 진전도 있다. 이 시대에는 바로 찐언니들의 코칭이야말로 남성 사회인들이 가장 곁눈질해 배우고 싶은 노하우이기도 하다.

KBS 보도본부 시사제작2부장(전 KBS 뉴욕특파원), **박에스더**

멋진 롤리얼들의 따뜻한 응원

'롤모델(Role Model)'이 아니라, '롤리얼(Role Real)'. 책을 읽고 가장 마음에 남는 키워드입니다. 세상에는 위대한 여성 리더들이 많고 화려한 스포트라이트를 받는 여성 리더들이 있습니다. 하지만 우리가 만나는 여성 리더들은 조금 다른 모습입니다. 상사의 불호령에 눈물을 훔치고, 스스로를 의심하며 불완전함 속에서 치열하게 버텨온 모습이 현실 여성 리더들의 모습입니다. 그래서 저자들은 이렇게 말합니다.

"우리는 완벽한 롤모델이 아니다. 하지만 누구보다 치열하게 살아낸 '롤리얼(Role Real)'이다."

조직은 여성 리더에게 상반된 모습을 기대합니다. 따뜻하되 약해 보이지 말 것, 단호하되 차갑게 보이지 말 것. 그 압박 속에서 '완벽'이라는 갑옷을 입고 버텨왔다는 사실을 저자들은 솔직하고 구체적으로 드러냅니다. 멋진 정답을 보여주는 '우상', 롤모델이 아니라 실패와 회복의 과정을 공유하는 현실 리더십, 롤리얼이 후배들에게 가장 필요한 자원임을 정확히 알고 있기 때문입니다.

이 책은 '여성 리더'를 감정적으로 위로하고 응원하는 것에서 멈추지 않습니다. 오히려 '완벽'의 함정에서 벗어나 롤리얼로 서는 방식을 제시합니다. '나다운 리더십으로 나다운 내일을 만들어가자'고 제안합니다. '그대 자신을 믿고 그대만의 속도로 걸어가길' 응원합니다.

이상적인 환상이 아니라 현실에서 증명되는 '롤리얼'의 힘, 그리고 그 힘을 만드는 구체적 질문과 기술을 함께 보고 싶은 분, 멋진 여성 리더를 꿈꾸는 분들에게 이 책을 추천합니다.

글로벌사이버대학교 재테크자산관리학과 학과장, **신성진**

후배가 성장할 수 있는 길을 열어주는 책

　포스코 공채로 시작해서 계열사 대표이사의 자리에 오기까지, 나의 34년은 수많은 스토리를 만들고 축적하는 삶의 연속이었다. 많은 여성 인재들이 눈에 보이지 않는 한계인 '유리천장'을 마주했을 때 그것을 깨부수어야 할 대상으로 보곤 한다. 하지만 나에게 '유리천장은 깨뜨리는 것이 아니라 따뜻한 열정과 부드러운 실력으로 녹여내는 것'이었다. 물리적인 충격으로 깬 조각은 파편이 되어 누군가에게 상처를 주지만, 온기로 녹여낸 길은 모두가 함께 걸어갈 수 있는 새로운 길이 되기 때문이다.

　이 책은 바로 그 '녹여내는 힘'에 대해 이야기하고 있다. 저자들이 말하는 '롤 리얼'은 완벽한 척하는 차가운 리더가 아니라 자신의 고민과 시행착오를 기꺼이 공유하며 조직의 온도를 높이는 리더의 모습이다. 특히 이 책이 제시하는 '하이엔드 코칭'은 AI 시대에 우리가 갖춰야 할 가장 인간적이면서도 고난도의 비즈니스 기술이라고 말하고 있다. 성과와 관계, 그리고 맥락을 짚어내는 저자들의 5인 5색 통찰은 조직 내에서 자신의 쓸모를 고민하는 후배들에게는 명확한 해답을, 정상을 향해 달리는 리더들에게는 깊은 위로와 확신을 준다.

34년 차 선배로서, 그리고 먼저 그 길을 걸어온 동료로서 자신 있게 다섯 명의 삶의 스토리인 이 책을 강력하게 추천한다. 이 책은 앞에 놓인 차가운 벽을 녹여줄 뜨거운 온기가 될 것이다. 여러분의 축적된 시간이 이 책의 지혜와 만나, 더 많은 후배가 마음껏 숨 쉬고 성장할 수 있는 길을 열어주길 진심으로 응원한다.

여성 리더들과 든든하게 동행하는 책

나는 글로벌 화장품 회사, 외국계 금융회사 등 유수 기업을 거치면서 수많은 도전과 결정의 순간을 30년 이상 지나온 여성 리더이며, 지금은 시세이도 코리아에서 사람과 조직을 맡고 있다. 돌이켜보면, 그 긴 시간 동안 나를 가장 많이 흔들었고 반성했던 질문은 늘 같았다.

"나는 잘하고 있는 걸까?"

이 책은 바로 그 질문 앞에 서 있는 여성 리더들에게 조용히 말을 건다. "당신은 부족해서 흔들리는 게 아니라, 너무 많은 맥락을 혼자 감당해왔기 때문"이라고. 이 책이 말하는 하이엔드 코칭은 다정한 위로나 막연한 자기계발이 아니다. 성과(Goal), 관계(Relationship), 맥락(Context), 감정(Emotion)이라는 네 개의 축을 통해, 우리가 그동안 감으로만 버텨왔던 일들을 언어로, 구조로, 질문으로 정리해준다. 특히 감정과 관계를 '관리 대상'이 아니라 성과로 이어지는 힘으로 다루는 방식은, 여성 리더의 강점을 있는 그대로 인정받게 만든다.

무엇보다 이 책이 가장 좋았던 이유는 저자들이 스스로를 '롤모델'이 아니라 '롤리얼(Role Real)'로 드러낸 다는 점이다. 회의실에서 목소리가 작아졌던 순간, 잘 하고도 설명해야 했던 경험, 그만두고 싶었지만 결국 다시 한번 버텨낸 시간들. 그 솔직한 서사는 '나만 이런 게 아니었구나'라는 깊은 안도감을 준다.

AI가 빠르게 답을 내놓는 시대일수록, 사람을 이 해하고, 관계의 결을 읽고, 자신의 감정을 엔진처럼 다 룰 수 있는 리더는 더 희소해진다. 이 책은 바로 그 지 점에서 말한다. 우리가 약하다고 여겨왔던 능력들이 사실은 가장 하이엔드한 여성 리더십 역량이라고.

완벽하지 않아도 괜찮다. 흔들려도 다시 중심을 잡을 수 있다. 이 책은 정답을 주지 않는다. 대신, 스스 로의 답을 찾을 수 있는 질문을 건넨다. 지금 이 자리에 서 여성 리더로서 다음 챕터를 고민하고 있다면 이 책은 분명 든든한 동행이 되어줄 것이다. 당신의 커리어는 아직 끝나지 않았다. 오히려 이제부터가 더 깊어질 시간이다.

시세이도 코리아 피플 디비젼 전무, 오경인

열망을 가진 여성 리더들에게

저자가 나와 근무하던 시절에도 그녀는 뛰어난 소통 능력과 오픈 마인드의 훌륭한 리더였습니다. 이번에 리더십에 대해 깊이 있고 정교한 내용을 진심있게 글로 옮겨 놓았네요.

이 책은 여성 직장인의 현실을 가장 정확하게 담아냈습니다. 치열한 조직에서 나 자신과의 소통으로 시작하여 동료, 조직과의 깊은 공유·공감을 통해, 정교하게 실행해 왔던 선배들의 모습을 잘 볼 수 있습니다. 이 글 중 단 1장이라도 본인에게 와닿는 것이 있다면 어떤 조직에서도 주도적으로 역할을 잘 할 수 있을 거라 믿습니다. 진정한 성과를 내고, 스스로가 주인으로 살고자 하는 열망을 가진 여성 리더들에게 이 책을 추천합니다.

삼성전자 한국 총괄 부사장, 오치오

직장의 신, 쎈 언니들이 왔다

산전수전 공중전을 겪으며 조직의 쓴맛과 단맛을 다 아는 언니들이 친절하게 알려주는 사회생활, 인생살이의 정수가 이 책에 고스란히 들어있다. 개인성을 존중받으며 공동체의 일원으로 살아가는 지혜가 필요한 시대. 이 언니들 손잡고 출발!

여성학자, 방송인, 베스트셀러 작가, **오한숙희**

현장에서 검증된 여성 리더십의 실전 매뉴얼

이 책을 읽으며 공감과 반성이 교차했다. 20년 넘게 몸담았던 조직을 떠나 전혀 다른 문화의 민간 기업으로 이직한 지 4년, '열심히만 하면 되는 줄 알았던' 나는 여전히 '어떻게 조직을 잘 운영할 수 있을까'에 대한 답을 찾지 못하고 있었다는 사실을 명확하게 깨달았기 때문이다.

이 책의 핵심인 '하이엔드 코칭 4D 프로세스'는 단순한 이론이 아니라 즉시 적용 가능한 프레임워크다. 성과, 관계, 맥락, 감정이라는 네 축으로 구성된 이 설계도는 다양한 경력을 가진 5인의 저자들이 현장에서 부딪히며 체득한 생존 기술의 결정체다. 특히 각 장 말미의 코칭 질문들은 업무현장에서 즉시 활용할 수 있는 실전 도구이자, 나 자신을 점검하는 거울이 되었다.

"타이틀 말고, 축적의 시간을 보자"라는 메시지는 25년 커리어를 돌아보게 만들었다. 조직의 틀도 문화도 달라졌지만, 결국 사람을 이끌고 성과를 만들어내는 본질은 같았다. 임원뿐 아니라 팀장을 준비하는 과장, 처음 후배를 맡은 대리, 그리고 '나답게 지속 가능하게 조직을 운영하고 싶은' 모든 여성들에게 이 책을 권한다.

유진투자증권 신성장전략투자실장(상무), 이옥형

그때 내 곁에 이런 '진짜 언니'가 한 명이라도 있었다면!

오랜 세월 남초 사회인 금융권에서 살아남기 위해 고군분투하며, 나는 참 먼 길을 돌아왔다. 남성 리더들의 잣대에 나를 억지로 끼워 맞추려 스스로를 쉼 없이 몰아세웠다. 때론 빠르게 승진하는 남자 동료들이 부러워 내 적성과 맞지 않는 다른 남성적 방식의 언어를 연습하기도 했다. 술자리나 모임에 빠지지 않으려 애써봤지만, 결국 내 몸과 마음은 점점 지쳐갔다. 그렇게 개인 시간을 내어주고, 건강을 갉아먹으며, 가족과의 소중한 시간까지 희생했던 날들이 지금 생각하면 나다움을 찾아가는 길을 많이 에둘러 가게 만든 셈이었다.

그 과정에서 겪은 말로 다 못할 외로움, 어쩌다 마주치는 여성 선배들조차 저와는 추구하는 가치가 달라 홀로 섬처럼 떠 있곤 했다. 그래서 이 책을 읽으며 가장 먼저 든 생각은 '내가 처음 조직 생활을 시작했을 때, 이런 조언을 해주는 언니가 있었다면 얼마나 좋았을까' 하는 진한 아쉬움과 반가움이었다.

우리는 흔히 실력만 있으면 언젠가 세상이 나를 알아줄 것이라 믿는다. 하지만 조직의 생태계는 그리 녹록지 않다. 이 책은 막연한 위로 대신 5명의 코치가 현장에서 몸으로 부딪히며 깨달은 하이엔드 생존 기술을 전한다. 이 책 속의 코치들 역시 흔들리고 아파하며 성장해온 롤리얼들이다. 저자들은 우리의 기질은 고쳐야 할 결점이 아니라 우리만의 무기이며, 무작정 부딪히는 헌신보다 맥락을 읽는 '정교한 설계'가 필요하다고 조언한다.

조직이라는 큰 키친에서 남들의 입맛에 맞는 근사한 요리를 내놓느라 정작 자신은 빈속으로 버티고 있지는 않는가? 이제는 타인을 위한 식탁을 차리는 수고로움을 잠시 내려놓고, 오직 당신의 채워줄 정갈한 밥상을 스스로에게 차려주었으면 좋겠다.

이 책이 당신의 지친 마음을 달래주는 따뜻한 한 끼이자, 다시 시작할 용기를 주는 든든한 레시피 북이 되길 바란다. 당신은 이미 충분히 잘해왔고, 당신의 가장 빛나는 시절은 아직 오지 않았다. 이 책이 그 순간을 앞당겨 줄 것이다.

KB증권 상무, 이지영

나는 늘 답을 묻는 사람이었고, 이 책은 사람을 묻는다

경력관리 컨설턴트로 일하며 나는 오랫동안 같은 질문들을 던져왔다. '당신의 강점은 무엇인가요? 당신만의 전문성은 무엇이며, 업계와 조직의 변화 속에서 어떻게 살아남을 수 있을까요?' 그 질문들이 틀렸다고 생각한 적은 없다. 실제로 많은 클라이언트들이 그 질문을 통해 자신의 방향을 정리했고, 다음 선택으로 나아갈 수 있었다. 그러니 이 책을 읽으며 처음으로 깨달았다. 그 질문들만으로는 끝내 닿지 못하는 지점이 있다는 것을.

저자들의 이야기는 무엇을 잘했는가보다 먼저, 얼마나 오래 버텨왔는지를 묻는다. 어떤 전문성을 쌓았는가보다 앞서, 그 과정에서 얼마나 흔들렸는지를 숨기지 않는다. 그리고 그 솔직한 고백은 약함이 아니라 이 시대를 통과해 온 사람만이 가질 수 있는 힘으로 다가온다.

이 책은 나에게 경력관리는 혼자 분석하고 정리하는 과제가 아니라 서로의 경험을 조심스럽게 건네며 다시 걸을 힘을 얻는 '연대의 과정'일 수 있다는 사실을 다시 생각하게 한다.

㈜클립스컨설팅 커리어사업본부 상무이사, 이진영

저자들의 열정이 느껴지는 책

남성 리더로서 이 책을 읽으며, 각 분야에서 정점을 이룬 다섯 분의 리더들이 들려주는 리얼하면서도 성공적인 스토리를 통해 하나의 '성공 레시피'를 새롭게 알게 되었다. 코치님들의 이야기를 들으면서 저의 머릿속에 떠오른 이미지는 마블의 어벤져스였다.

물론 여러 여성 리더들이 각 분야에서 많은 성과를 이루어냈지만, 여전히 대한민국 직장 문화 속에서 여성 리더 비율은 남성 리더에 비해 높지 않은 것이 현실이다. 우리 에스원도 마찬가지다. 여성 임원은 1명뿐… 그러나 이 책을 통해서 더 많은 여성 리더 히어로들이 탄생할 수 있으리라는 희망을 품어본다.

코치님들의 이야기 속에는 스스로의 한계를 규정하지 않고, 치열함 속에서 끝내 성공적인 결과를 만들어내는 태도가 담겨있다. 또한 현실에 안주하지 않고 평생 학습자로서 그리고 코치로서 끊임없이 성장해 나가는 삶의 자세를 보여준다.

이 책을 읽으면서 다섯 분의 신념과 열정을 느낄 수 있었고, 꾸준함을 바탕으로 성장해 왔으며 그 성장을 다시 코칭을 통해 사회에 환원하고 있다는 생각을 정리하게 되었다. 더 많은 리더들이 이 책을 통해 세상을 따뜻하게 밝혀주시기를 기도해본다.

삼성 에스원 경인사업팀 사업팀장, **이현석**

든든한 친구이자 좋은 선배가 되어 주는 책

책 속에 담긴 이야기를 읽어 내려가면서 연신 고개를 끄덕였다. 팀장에서 실장이 된 첫해, "나는 운이 좋아서, 그냥 자리가 생겨서, 우리 구성원들은 왜 나 같은 리더를 만나서…"라고 스스로를 괴롭히던 날들이 떠올랐다. 그때의 불안과 흔들림이 나만의 것이 아니었음을 이 책이 조용히 확인시켜 주었다. 현장의 선배들이 살아남기 위해 고민해 온 흔적이 촘촘히 담겨있어, 저는 큰 위안과 용기를 얻었다.

여성 리더로 7년, 지금도 내 안에서 들려오는 의심의 목소리와 마주하곤 한다. 하지만 여성으로서 발휘할 수 있는 강점이 분명히 있다는 사실을 깨닫고 있고, 그 힘이 저를 여기까지 데려왔다고 믿는다.

왠지 모르게 마음이 캄캄하고 작아질 때, 이 책을 펼쳐 보자. 흔들리면서도 내일을 향해 걷는 여성 리더들에게 이 책은 곁에서 함께 걸어 주는 든든한 친구이자, 좋은 선배가 되어 줄 것이다.

우아한형제들 이사(파트너프로덕트 실장), **전소영**

내면의 힘을 선물하는 책

첫 페이지를 펼치자마자, 제 마음 깊은 곳에서 무언가 '툭' 하고 건드려졌다. 나는 '그저 열심히 하면 된다'는 신념 하나로 30년을 달려온 미용인이다. 하지만 이 책은 그런 저에게 조용하지만 강한 충격을 안겨주었다. 오랜 세월 몸에 밴 습관들, 그 안에서 오는 리더십의 한계, 그리고 후배들과의 소통에서 겪는 어려움이 이 책의 한 페이지 한 페이지를 통해 명확히 보였다.

미용 업계는 흔히 '기술직'으로 여겨지지만, 저는 오히려 이 분야가 사람을 이끄는 리더십 산업에 더 가깝다고 생각한다. 고객과의 관계를 유지하고, 팀원들과 신뢰를 쌓으며, 후배를 양성하고, 나아가 매장 운영과 사업 확장까지 생각해야 하는 복합적이고도 깊이 있는 일이다. 이런 현실 속에서 리더십에 대한 공부는 선택이 아니라 생존을 위한 필수 역량이라는 생각이 절로 들었다.

이 책은 단지 여성 리더가 되고 싶은 이들을 위한 책이 아니다. 여성이라는 이유만으로 수많은 제약과 한계 앞에서 자신의 커리어를 포기하거나, 반복되는 좌절 속에 스스로를 작게 만들며 살아가는 많은 여성들에게도 꼭 필요한 책이다. 저자들은 이 책을 통해 그런 여성들에게 따뜻한 위로와 함께 현실적인 통찰을 건넨다. 책을 읽다 보면 어느새 '어머, 이건 내 이야기네!' 싶은 순간들이 찾아오고, 그 순간이 쌓일수록 내 안에 있었던 자존감과 가능성이 조용히 깨어나는 걸 느끼게 된다. 특히 리더십은 타고나는 것이 아니라, 스스로를 이해하고 선택을 반복하며 쌓아가는 힘이라는 메시지는 저에게 깊은 울림을 주었다.

지금 이 시기, 혹은 앞으로 무언가를 이끌고 변화시키고 싶은 모든 여성들에게 이 책을 진심으로 추천한다. 이 책은 방향을 잃은 당신에게 다시 나아갈 수 있는 용기와 기준, 그리고 무엇보다 스스로를 믿을 수 있는 내면의 힘을 선물해 줄 것이다.

이진뷰티 대표이사, 조은임

'나답게' 성장하고 싶은 사람을 위한 책

이 책은 오랜 조직생활 속에서 느꼈던 수많은 순간들을 너무나도 정확히 짚어내 주어, 한 장 한 장 넘길 때마다 고개를 끄덕이게 만든다. 단순한 경험담이 아니라 살아 있는 현장의 이야기에 코칭적 시선과 통찰이 더해져 있어 조직 속에서 '나답게' 성장하고 싶은 사람에게 큰 울림을 준다. 특히 여성 리더로서의 고민, 관계 속에서 스스로의 자리를 찾아가려 애쓰던 마음들이 그려져 있어 나의 지난 시간들이 오버랩 되었다.

이 책을 읽는다면 나 스스로를 운영할 수 있는 능력이야 말로 AI 시대의 진짜 경쟁력임을 깨닫게 된다. 그리고 그 배움을 행동으로 옮긴다면, 머지않아 '롤리얼'로 살아가는 나 자신을 발견하게 될 것이다. 책장을 덮고 나면 마음 한 켠에 따뜻한 격려와 동시에 새로운 도전의 에너지가 남는다. 이 책은 변화의 물결 속에서 길을 찾고자 하는 모든 리더들에게, 그리고 나답게 일하고 싶은 모든 사람들에게 든든한 응원이 되어줄 것이다.

(사) 한국공익코칭협회 회장, 로열(路悅) 최은주

열심히만 하면
되는 줄 알았던 당신에게

"묵묵히 일하면 언젠가 알아주겠지."

안타깝지만, 요즘 대한민국 조직에서 이 믿음은 더 이상 미덕이 아니다. 오히려 자신의 커리어를 망치는 가장 위험한 착각일지도 모른다. 나는 항상 궁금했다. 우리 여성들은 조직에서 누구보다 성실하게, 더 오래 일하고도 결정적인 승신의 문턱에서 왜 좌절하는 걸까?

2025년 맥킨지와 린인의 보고서에 따르면, 여성은 남성보다 더 많이 일하지만 승진 확률은 현저히 낮았고, 한국 여성 관리자의 71.2%는 동일 성과에도 더 가혹한 증명을 요구받는다고 답했다. 하버드 케네디 스쿨의 연구팀은 이를 '개인의 역량 부족'이 아닌 '시스템의 문제'라고 지적했다. 즉 조직의 평가 방식, 네트워킹, 보이지 않는 규칙들이 여전히 남성 중심으로 짜여 있기 때문이라는 점이다. 결국 진짜 문제는 여성들의 노력이 부족해서가 아니라 여성들이 '변화하는 게임의 법칙'을 모른 채, 무작정 열심히만 뛰고 있다는 데 있다.

2025년 9월, S&P Global이 발표한 보고서 'When Women Lead, Firms Win'은 매우 인상적인 메시지를 던졌다. 여성 CEO가 이끄는 기업은 위기 상황에서 회복 속도가 평균보다 27% 빠르게 나타났고, 불확실성이 지속되는 환경에서도 61%가 시장 평균을 상회하는 성장세를 기록했다. 이는 여성의 리더십이 단순한 '다양성의 상징'이 아니라, 실질적인 성과와 직결된 전략적 자산임을 보여주는 결과다.

그렇다면 한국의 현실은 어떨까? 같은 해 세계경제포럼(WEF)이 발표한 성별 격차 지수에서 한국은 149개국 중 127위를 기록했다. 글로벌 무대에서는 여성의 리더십 경쟁력으로 입증되고 있는데 국내에서는 여전히 구조적 장벽이 높다는 뜻이다. 결국 문제는 역량의 부재가 아니다. 이미 여성은 기업의 수익과 성장으로 연결되는 성과를 만들어낼 준비가 되어 있다. 다만 조직이 그 가능성을 전략적으로 활용하지 못하고 있을 뿐이다. 이는 '인재 부족'의 문제가 아니라 잠재된 금맥을 제대로 발굴하지 못한 채 흘려보내고 있는 구조의 문제라고 보는 편이 더 정확할 것이다.

| AI시대, 왜 '하이엔드 코칭'인가?

그렇다면 조직이 놓치고 있는 여성의 진짜 잠재력은 무엇일까? 우리는 그것을 '코칭(Coaching)'에서 찾았다. AI가 모든 답을 내놓는 시대, 리더십의 정의가 바뀌고 있다. 2025년 하버드 비즈니스 리뷰와 딜로이트의 보고서는 코칭이 더 이상 부드러운 소통 기술이 아님을 선언했다. 고성과 조직 리더의 87%가 '코치형 리더십'을 핵심 역량으로 꼽았듯, 이제 코칭은 조직의 문제 해결력과 몰입을 끌어올리는 가장 강력한 '비즈니스 생존 기술'이다.

진정한 코칭은 상대를 편하게 만드는 기술이 아니다. 먼저 구성원에게 해답을 주는 대신 스스로 해결책을 탐색하도록 돕고, 그 다음 복잡하고 도전적인 과제에 대해 주도적으로 사고하게 만들며, 마지막으로 그 과정에서 창의적 문제해결 능력과 업무 몰입도를 동시에 강화한다. 즉, 조직에서 기대하는 성과가 나도 여기서 흥미로운 점은 이토록 중요한 코칭 역량이 사실 우리 여성들이 가장 잘하는 분야라는 점이다. 2025년 UC 버클리의 연구에 따르면, 여성 리더는 남성보다 경청 능력에서 29%, 감정 인식 능력에서 34%나 높은 점수를 기록했다. AI는 표준 답안은 줄 수 있지만, 사람이 사람을 이끄는 마지막 20%의 영역(팀원의 눈빛 뒤에 숨은 두려움을 읽고, 감정의 뿌리를 찾아 성과로 연결하는 일)은 결코 할 수 없다. 마지막 20%의 영역, 이것이 바로 우리가 말하는 '하이엔드 코칭'이다.

| 5명 저자의 롤리얼 스토리

"그런데 왜 아직까지도 우리는 노력한만큼 인정받지 못하는걸까?" 이유는 단순하다. 여전히 조직의 평가 시스템이 달라지지 않기 때문이다. 최근 스탠퍼드 경영대학원의 연구결과에 따르면, 조직이 여전히 '결정적 순간의 단호함'만을 리더십으로 쳐주며 여성의 탁월한 '지속적 관계 구축' 능력은 평가 시 38%나 낮게 책정한다고 지적했다. 여성은 이미 완벽한 코칭 역량을 가지고 있다. 단지 그것을 '성과'로 포장하고 '전략'으로 연결하는 설계 능력이 부족했을 뿐이다. 그래서 이 책이 세상에 나왔다. 우리가 가진 강점인 공감과 경청, 관계의 기술이 어떻게 조직을 살리는 따뜻한 엔진이 되는지, 어떻게 하면 이 보이지 않는 역량을 눈에 보이는 성과로 치환할 수 있는지 알려주기 위해서다.

이 여정을 함께한 저자 5인은 대기업 임원, 글로벌 기업 리더 등 조직에서 성공적인 리더 역할을 수행했고 현재는 전문 코치로 활약 중인 '찐 언니들'이다. 42년 경력의 맏언니부터 21년 경력의 막내까지, 우리는 조직현장에서 여성으로서 리더로 서는 것의 두려움과 기쁨을 모두 경험했다. 우리는 각자 다른 길을 걸어왔지만 공통점이 있다. 우리 모두 '완벽하지 않은 리더'였다는 점이다. 회의실에서 목소리가 떨려 쥐구멍에 숨고 싶었던 날, 상사의 불호령에 화장실에서 눈물을 훔치던 날, '리더로서 자격이 있는걸까' 스스로를 의심하며 밤새 울던 날들. 우리에게도 그런 날들이 있었다. 하지만 그 불완전함 속에서도 사람들에게 영감을 주고 성과를 만들어낸 경험이 이 책의 뼈대가 되었다.

| 당신의 커리어를 바꿀 '하이엔드 코칭'

이 책은 단순한 위로에서 끝나지 않는다. 조직에서 인정받는 구성원에서 리더가 되기까지 구체적

인 4가지 기술, 즉 성과(Goal), 관계(Relationship), 맥락
(Context), 감정(Emotion)을 입체적으로 다룬다.

> 1장. 환상이 아닌 현실 리더십, '롤리얼'의 생존기
> 2장. AI가 가르쳐주지 못하는 회사 생존 기술, 하이엔드 코
> 칭의 이해
> 3장. 성과: 열심히 일한 티가 나게 만드는 '자신의 이름으
> 로 성과 내기'
> 4장. 관계: 무례하지 않게 단호해지고, 갈등을 성장으로 바
> 꾸는 기술
> 5장. 맥락: 조직의 보이지 않는 판을 읽고 프레임을 바꾸
> 는 법
> 6장. 감정: 약점이 아닌 엔진으로 감정을 활용하는 법

> **"우리처럼 서툴러도 괜찮다.**
> **그래서 당신도 할 수 있다."**

이 책은 여느 자기계발서처럼 정답만을 강요하
지 않는다. 대신 당신이 서 있는 곳의 맥락을 읽고 스스
로 답을 찾을 수 있도록 돕는 나침반이 되어줄 것이다.
AI 시대, 여성 리더로서 진짜 성공을 꿈꾸는 당신에게
이 책을 바친다. 부디 우리의 이야기가 당신의 긴 리더
십 여정에 든든한 '믿는 구석'이 되기를 바란다. 당신의

가장 빛나는 시절은 아직 오지 않았다. 이제, 당신만의 하이엔드 코칭을 시작할 시간이다.

당신의 진정한 성과를 응원하는 찐언니

김문경, 강명신, 이미재, 박보경, 신정순 드림

목 차

Chapter 01

5인 5색 코치의 '롤모델'이 아닌
'롤리얼'로 남는다는 것

AI가 못 가르치는
회사 생존기술 '하이엔드 코칭'

성과,
내 이름으로

감정,
약점이 아닌 엔진으로 쓰기

5인 5색 코치의 '롤모델'이 아닌 '롤리얼'로 남는다는 것

1.
돌아보니 후회되는 것들, 그리고 깨닫는 것들

강명신

2024년 말 퇴임했다. 직장생활 중 12년을 임원으로 일했다. 나름대로 성공한 직장인이라고 말할 수 있다. 그럼에도 한창 달릴 때는 보이지 않았던 것들이 은퇴 후에 보이기 시작했다. 이제와 보니 후회되는 것들이 많다. '그 때 그랬더라면', '그 때 그러지 않았더라면' 그 후회의 깊이만큼 후배들에게 해주고 싶은 얘기들이 많다. 일, 나, 가족, 인간관계 등 전방위에서 말이다.

잘 버텨라
버티는 것은 그 어떤 것보다 뛰어난 능력이다

직장에서 중요한 순간마다 센 경쟁자들이 있었

다. 좋은 학벌, 그룹 공채 출신, 그들은 일에서도 능력자들이었다. 심지어 인성도 훌륭해서 따르는 후배들도 많았고, 대체적으로 그랬듯이 남자들이어서 속칭 '이너써클'에 포함된 사람들이었다. 경쟁자라기보다는 내가 닮고 싶은 훌륭한 사람들이었다. 그런 사람들과 정면 승부를 생각할 수조차 없었던 순간들이 많았다. 그들과 부장 후보, 임원 후보, 중요한 포지션의 후임자로 같이 리스트 업 되었다. 내가 보기에는 턱도 없는 게임이었기에 그들 앞에서 종종 쪼그라드는 나를 발견하곤 했다. 그 때마다 나는 버티기 위해서 나에게 이렇게 얘기해주었다. "나와 너는 온 길이 다르다. 그러니까 앞으로 갈 길도 다를 것이다. 우연히 우리는 이 지점에 교차했을 뿐이다. 그러니 너는 나의 경쟁자가 아니다."

이 말은 내 중심을 잃지 않기 위해서 나에게 해준 말이었다. 어쩌면 쓸데없는 경쟁심에 내 에너지를 쓰고 싶지도 않아서였을 것이다. 나는 사업에 뛰어난 재능이 있는 것도 아니었고, 인간 관계에서도 친절한 사람은 아니었다. 얼굴에 마음이 잘 드러나서 편안한 사람도 아니었던 것 같다. 이제 와 돌아보면 나의 직장 생활은 많은 운이 따랐다. 그럼에도 한 가지 장점이 있었다면 미련할 정도로 꾸준했다. 치열한 경쟁 속에서 어느 순간 뒤돌아보면 경쟁자들은 각자의 길로 사라지고 내 길에는 나만 남아 있었다. 중요한 것은 '내가 나의 길을 어떻게 갈 것이냐', 그리고 '어떻게 그 하루하루를 버텨낼 것이냐'였다.

일과 인생이 늘 도파민이 솟구치는 순간만으로 채워질 수는 없기에 하기 싫은 일과 힘든 순간조차 '꾸역꾸역' 해내는 힘이야말로 나를 나아가게 하는 가장 중요한 동력이었다. '꾸역꾸역 버텨내는 것은 그저 그런 것이 아니라 훌륭한 것'이라고 칭찬해 주기 바란다. 그 '꾸역꾸역'을 위한 나만의 마법 주문을 하나씩 만들어 보자.

꾸역꾸역과 더불어 버티는 기준과 힘을 주는 방법을 잘 알아차리는 것도 중요하다. 일은 결국 성과와 생존의 균형이다. 일은 인생의 일부이고 그 일부를 잘하려면 너무 세게 잡지도, 너무 느슨하지도 않아야 한다. 물론 일의 운이 왔을 때는 꽉 잡아야 한다. 그러나 몸과 마음이 무너질 만큼은 아니어야 한다. 더 이상 버텨서는 안 되는 순간도 잘 판단해야 한다.

> **누구에게나 흔들림은 있다.**
> **그러나 어느 순간에도 자신은 믿어라**

어느 날 친한 후배가 상담을 요청했다. 스스로 한 의사결정을 믿을 수가 없어서 괴롭다는 것이었다. 나도 생각을 많이 하게 되는 얘기였다. 나는 내가 한 의사결정을 철석같이 믿었을까? 만약에 그랬다면 오히려 독선적이고, 이상한 사람이 아니었을까? 자신이 한 일에 대해서, 심지어는 자신에 대해서 흔들리는 것도 당연한 것이 아닐까?

한창 복잡한 일들을 풀고 있었던 때에는 새벽 2~3시 정도에 깨는 일들이 종종 있었다. 그 날 복잡했던 일들이 곤한 잠을 깨우는 것이다. 주변에 임원들도 비슷한 현상을 겪는다. 그 날의 일들이 뇌의 잔상에 남아서 복잡하게 만드는 것이다. 그럼에도 불구하고 흔들렸던 밤을 뒤로한 채 출근하여, 마치 흔들린 적 없다는 듯이 묵묵히 일을 밀고 나가는 것이다. 자신감은 일뿐만 아니라 험한 세상을 살아가는 데 꼭 필요한 튼튼한 기초공사라고 생각한다.

문득 프린스턴 대학교 허준이 교수가 필즈상을 수상하며 남겼던 소감이 떠오른다. "근거 있는 자신감은 언제든 부서질 수 있지만, 근거 없는 자신감은 스스로에게 유연성을 부여한다." 근거 있는 자신감은 시험 성적, 수상 같은 외부 조건이나 성취가 기반인 경우가 많다. 이런 것들은 조건이 변하면 사라질 수 있다. 반대로 '근거 없는 자신감'은 외부조건보다는 내면적인 태도에서 나온다. 그래서 어려움 속에서도 흔들리지 않는 힘이 있다. 흔히 말하는 '근자감'이다.

앞으로 여러분은 처음 겪는 어려움을 맞이할 것이고, 계속 흔들릴 것이다. 그 때마다 과거의 성공 경험으로부터 근거 있는 자신감을 가지기는 어려울 것이다. 튼튼한 내면에서 나오는 '근거 없는 자신감'이 필요하다. 그 튼튼한 자신감은 지속적으로 흔들리면서 더 단단해질 것이다.

| 사람들을 믿어라. 그러나 너무 집착하지 마라

"직장에서는 친구를 구하지 말아라."라는 말이 있다. 이 말에 대해서는 어떻게 생각하는가? 직장 사람에게 실망을 한 날이면 '그래, 직장에서 뭔 친구야. 돈 받고 일하면 되는 거지.'라고 생각하며 상처받은 마음을 다잡고는 했다. 그러다가 또 어느 순간에 직장에서 만난 인연들과 함께 웃고 울고 하는 나를 발견하곤 한다. 집에 와서 남편에게 직장 얘기를 하면 비밀유지가 아주 잘 된다. 건성으로 듣고 기억을 못하기 때문이다. 결국 직장에서 일어나는 일들은 직장 사람들과 공유할 수밖에 없고, 문제를 풀 때에도 결국 그들과 함께 해소해야 한다.

후배팀장들이 직장 내에서 사람들을 믿어야 하느냐고 종종 물어본다. 그 때마다 나는 다시 물었다. "안 믿으면 다른 방법이 있어?" 사람에게 실망하고 어떤 때는 배신당하기도 하고 하지만, 사람을 안 믿고 살 방법은 없다. 그냥 그렇게 알면서도 속고, 모르면서도 속는 것이 직장생활이고 삶이다. 그리고 그건 남을 위해서가 아니라 나를 위해서다.

일을 하고 성과를 내기 위해서는 사람을 믿어야 한다. 하지만 믿었기 때문에 기대를 하거나 더 나아가서 집착을 하게 되면, 남도 힘들고 나도 힘들어진다. 여기에는 전제 조건이 있다. 내가 남에게 가볍게 줄 수 있는 것들이 있어야 한다. 직장생활에서는 이것이 나의 전문성일 것이다. 이게 있어야 남도 도울 수 있다. 그리고 사람을 대할 때 여유 있고 유연할 필요가 있다. 타인에 대한 기준이 너무 높거나, 낮으면 실망만 남는다. 기준을 조금 느슨하게 가지는 것이 필요하다. 이게 타인에 대한 이해이자 나에 대한 이해일 테니까 말이다.

알파걸에서 슈퍼우먼?
때론 전략적 불균형이 필요하다.

결혼하고 아이를 양육하면서 직장생활을 하는 여성들이라면 이 얘기를 안 할 수 없다. '일과 가정의 균형 잡기'는 일하는 여성들의 현실적인 과제다. 물리적인 시간도 물론 힘들지만, 심리적인 부분도 무척이나 힘들다. 아들이 초등학교에 입학하고 얼마 지나지 않은 때였다. 아들의 학교 선생님이 호출하셔서 학교에 갔다. "아이가 무척 산만합니다. 엄마가 직장 생활을 하는 것도 중요하지만, 지금이 아이에게 가장 중요한 때입니다." 선생님으로부터 이런 얘기를 듣고 직장을 그만두어야 하나 한참을 고민했다. 이 얘기를 대학 교수를 하고 있던 여자 선배에게 얘기를 했더니, 자기 아들도 똑같은 얘기를 들었다는 것이다. 내가 보기에 선배의 아들은 아주 모범생이었는데도 말이다. 나를 흔드는 일은 많지만, 아이 양육을 앞에서는 유독 깊이 휘청거렸다. '만약에 내가 일을 안했더라면', '만약 그때 내가 일을 덜 하고 아이에게 정성을 쏟았더라면' 어떤 선택이 정답이라고 자신 있게 말할 수 있는 사람은 없을 것이다. 특히 내 아이의 인생 앞에서 말이다. 다 각자의 선택이다. 그럼에도 예시가 필요한 사람들을 위해 일과 양육 사이에서 내린 나의 선택과 기준에 대해서 얘기해 보고자 한다. 나는 아이를 기른다는 것을 생각하면 떠오르는 이미지가 하나 있다. 제주도에서 아이를 봐줄 수 없는 엄마들이 밭일을 나갈 때 아이를 데리고 나간다. 그리고는 아이를 적절하게 끈으로 연결하고, 엄마가 밭일을 하다가 어느 정도 간격으로 멀어지면 아이를 데리고 오는 장면이다. 나는 나의 일을 하면서도 그 정도 거리감으로 아이를 기르는 것이 적정한 거리가 아닐까라고 생각하곤 했다. 엄마의 도움 없이 아이 혼자 시행착오를 겪으며 해보는 것도 좋은 경험일 것이라고 위안을 삼았다. 아이의 매니저 역할을 하는 '헬리콥터맘'과 정반대의 위치에 있었다. 아이도 엄마가 믿는 만큼 큰다고 생각하며 일과 양육의 균형을 맞추려고 애썼다.

지금 와서 돌아보니 균형은 애초에 없었다. 매번 일과 가정 사이에서 삐걱거리며 왔다갔다했다. 몸과 마음이 지쳐갔지만, 매 순간의 선택을 진심으로 하려고 노력했다. 어떤 날은 회사 일에 몰두하느라 아이 얼굴조차 제대로 보지 못했고, 또 어떤 날은 아이가 아픈 날이라 중요한 회의를 미뤄야 했다. 그때마다 죄책감이 스며들었지만, 결국은 나도 아이도 그 시간 속에서 조금씩 단단해졌다.

중요한 것은 '완벽하려고 애쓰지 말라'는 것이다. 일과 가정, 성공과 행복, 성취와 쉼 사이에서 우리는 늘 흔들릴 수밖에 없다. 그리고 의도적으로 어느 시기에는 전략적 불균형을 선택하는 것을 권한다. 일에 좀 더 몰두해야 하는 시기도 있고, 가정에 충실해야 할 시기도 있다. 또 나를 돌보는 것이 우선되어야 하는 시기도 있다. 모든 시기에 모든 것을 균형 있게 하지 않아도 된다. 그냥 시기별로, 전략적으로 불균형을 선택하는 과감함도 필요하다. 그 선택은 오롯이 나 자신만 할 수 있는 것이다. 어떤 시기에는 다른 사람의 조언조차도 무겁게 들릴 때가 있으니까 말이다. 흔들리면서도 다시 중심을 잡는 과정에서 우리는 성장한다. 그래서 나는 내 삶을 '오늘도 버티는 중'이라고 표현한다. 다만 예전처럼 이를 악물고 버티는 게 아니라 나를 믿고, 사람을 믿고, 인생을 믿으면서 말이다. 결국 우리는 '알파걸'이나 '슈퍼우먼'이 아니라 '단단한 인간'이 되어가는 과정을 지난다고 믿는 것, 그것이면 충분하다.

결정적 순간에 빛나는
실력의 조건

김문경

얼마 전 종영한 〈흑백요리사 시즌 2〉 결승전은 그야말로 반전의 드라마였다. 심사위원 만장일치 판정승, 우승자는 최강록 세프였다. 기술적으로 더 완벽해 보였던 요리괴물인 이하성 세프가 아니었다. 많은 이들이 의아해했다. 도대체 무엇이 그들의 승패를 갈랐을까?

| 최강록 세프에게 배우는 진짜 실력

결승전이라는 가장 긴장된 순간, 최강록 세프는 자신의 치부를 드러내는 파격을 선택했다. "사실 공부도 노력도 많이 했지만, 척하기 위해 살아왔던 인생이었습니다. 조림을 잘 못하지만 잘하는 척했습니다." 자신을 '조림 인간'이라 칭하며, 지난날 '척' 했던 시간들을 고백한 그는 효율성 대신 직접 깨를 가는 투박한 방식을 택했다. 바로 '깨두부'였다. 불 앞에서 쉼 없이 주걱을 저어야만 완성되는, 잠깐만 한눈을 팔아도 실패하고 마는 요리. 그것은 요리사의 성실함과 초심을 고스란히 보여주는 거울과도 같았다. 그 누구도 아닌, 오직 자신을 위로하기 위한 요리였다. 그리고 그 곁엔 빨간 뚜껑 소주 한 병이 놓였다. 멋진 페어링을 위한 술이 아니었다. 하루의 피로와 고통을 내려놓기 위한 '노동주'. 오직 자신을 위로하기 위한 한 잔이었다. "매일 스스로를 다그치기만 했지, 저를 위한 요리는 90초도 써 본 적이 없습니다. 저한테 위로를 주고 싶었습니다."

반면 이하성 셰프는 달랐다. '요리괴물'이라는 명성답게 압도적인 실력을 뽐냈지만, 우승을 향한 간절함이 지나쳐 보였다. 경쟁자를 향한 날 선 태도와 자신만만함은 때론 오만으로 비치기도 했다. 결국 그는 긴장을 이기지 못하고 자신을 위해 만든 요리조차 제대로 즐기지 못한 채 자리를 떠야 했다. 이 장면을 보는데 지난 조직 생활이 파노라마처럼 스쳐 지나갔다. 성과 연구의 권위 있는 논문 「The Making of an Expert」는 전문가를 만드는 핵심이 '의도적인 연습(Deliberate

Practice)’이라고 말한다. 최강록 셰프가 ‘척’ 했다고 말했지만, 사실 그 뒤에는 보이지 않는 곳에서 끊임없이 칼을 갈았던 조용한 훈련의 시간이 있었을 것이다. 결정적 순간에 빛났던 것은 화려한 스펙이나 기술이 아니었다. ‘취약성을 드러낼 줄 아는 용기’, ‘지루함을 견디는 성실함(깨두부)’, 그리고 ‘자신을 다독일 줄 아는 힘(노동주)’. 심사위원들이 선택한 건 바로 그가 차려낸 ‘정직한 인생 보고서’였다. 결국 실력만으로는 부족하다. 결정적 순간에 빛나는 것은 스펙 한 줄이 아니라 ‘진정성으로 꾹꾹 눌러 담은 엣지 있는 실력’이었다. 이제 본격적으로 나의 이야기를 시작해보려 한다.

| 프라하행 비행기에 오르다

결혼 1년 차, 회사에서 체코 주재원 공고가 떴다. 팀장님은 지원을 권했지만, 솔직히 체코가 어디 붙어 있는 나라인지도 몰랐고 핵심 업무인 IS(정보시스템) 시장 분석 경험도 전무했다. 주변에선 다들 만류했다. 하지만 이 기회를 놓치면 평생 후회할 것 같았다. 그렇게 오른 프라하행 비행기. 공항에는 박 법인장이 마중 나와 있었다. 나보다 10년 선배인 그는 첫인상이 차가웠다. 말수 적고 표정 없는 얼굴. ‘아, 이분 밑에서 일하면

꽤나 고생하겠구나' 싶었지만, 보기 좋게 빗나간 판단이었다. 첫 출근 날부터 법인장은 내게 체코어 선생님을 붙여줬다. 현지 거래처와 소통하려면 언어는 필수라며 퇴근 후 강제로 과외를 받게 했다. 혀가 꼬이는 체코어를 배우며 깨달았다. 그가 가르치려던 것은 단순한 언어가 아니었다. 그는 중요한 미팅마다 나를 대동했다. 신뢰를 쌓는 악수법, 설득력을 높이는 제스처, 프레젠테이션의 호흡 등 나는 그의 곁에서 '비즈니스의 공기'를 체득했다.

그렇게 매일 새벽 5시에 일어나 현지 기업 시스템을 분석하고, 밤 11시까지 미팅을 강행했다. 주말에는 체코 전역을 돌며 바닥을 훑었다. 3개월 뒤, 기업 30곳의 인터뷰를 담은 보고서를 제출했다. 문전박대 당하면서도 다음 날 또 찾아가 얻어낸 결과물이었다. 법인장은 보고서를 쓱 훑어보더니 덤덤하게 말했다. "잘했어. 본사에 보내도 되겠다." 그 한마디를 듣기 위해 나는 그토록 미친 듯이 뛰었나 보다. 어느 날 저녁, 그가 구시가지의 작은 레스토랑으로 나를 불렀다. 식사 도중 그가 조용히 자신의 이야기를 꺼냈다. 자신도 인정받고 싶어 미친 듯이 일하다가 3년 차에 번아웃으로 쓰러졌었다고.

"김 대리, 열심히 하는 건 좋은데 지속 가능하게 해. 여기 생활은 100미터 달리기가 아니라 마라톤이야. 실력도 중요하지만, 사람들이 자네를 믿어야 기회가 와. 업무적 신뢰는 한 방이 아니라 매일의 작은 약속이 쌓여서 만들어지는 거야."

그날 밤 숙소로 돌아와 그 말을 곱씹었다. '업무적 신뢰, 지속 가능성, 작은 약속' 이 세 단어는 이후 내 직장 생활을 지탱하는 단단한 기둥이 되었다.

| 본사 복귀, 척하는 팀장의 시련

3년 뒤 한국 본사로 복귀했다. 공교롭게도 박 법인장도 함께 복귀해 상사가 되었지만, 본사는 프라하와 달랐다. 살벌한 성과 경쟁의 정글이었다. 고스펙 동료들과 정치력 만렙인 선배들 사이에서 나는 '평균만 하자'고 되뇌었다. 하지만 현실은 가혹했다. 쏟아지는 과제들은 비기었고, 프로젝트가 엎어질 때마다 자괴감이 밀려왔다. '내 역량이 부족한가? 여자라서 안 되나? 주재원 경력은 거품이었나?'

그때마다 버팀목이 되어준 건 역시나 박 팀장님과 동료들이었다. 프로젝트가 엎어지면 같이 술잔을 기울여줬고, 마음고생할 땐 같이 욕을 해줬다. 내 편이 있다는 건 큰 복이었지만, 현실의 냉혹함까지 막아주진 못했다. 나는 살아남기 위해 더 악착같이 일에 매달렸다. 완벽주의는 심해졌고 후배들을 실적으로 몰아붙였다. 최강록 셰프가 '척' 하며 살았다고 고백했듯, 나 역시 '척' 하고 있었다. 여자로서, 주재원 출신으로서, 내가 나를 지키기 위해 껴입었던 완벽주의라는 갑옷은 어느덧 나를 숨 막히게 하는 무거운 족쇄가 되어 있었다.

다섯 번째 여성 팀장, 그리고 깨달음

2010년 겨울, 드디어 팀장으로 승진했다. 당시 사내 여성 팀장은 다섯 손가락 안에 꼽힐 정도였다. 축하 인사가 쏟아졌지만, 등 뒤로는 시기와 견제의 시선이 느껴졌다. 작은 실수도 가십거리가 될 것 같은 분위기 속에서 기쁨보다는 극심한 스트레스가 찾아왔다. 물론 성과도 있었다. 팀원들과 난관을 헤쳐나가는 과정도 짜릿했고, 그들의 성장을 지켜보는 건 보람찼다. 하지만 보이지 않는 곳에서 나는 곪아가고 있었다.

'여자지만 잘한다'가 아니라, '나답게 해도 충분하다'는 것을 누군가 일깨워줬다면 어땠을까? 최강록 셰프가 자신을 위해 뜨끈한 국물과 소주 한 잔을 내어 놓았듯, 나도 조금 더 일찍 나 자신을 안아줄 수 있었다면 어땠을까? 그렇게 두 아이를 키우며 죄책감과 싸우는 워킹맘으로 21년을 보냈다. 작은 애는 늦게까지 어린이집에, 큰 애는 학원으로 뺑뺑이를 돌려야 했던 그때, 그 치열함 속에서도 나는 멈추지 못했고 신사업의 선봉에 섰다. 모든 선택에는 대가가 따랐지만, 돌이켜 보면 그 순간들을 버티게 해 준 건 묵묵히 곁을 지켜준 '사람들'이었다.

| 롤모델이 아닌 '롤리얼(Role Real)'로 산다는 것

팀장이 되자 여성 후배들이 찾아오기 시작했다. 승진 준비, 남성 동료와의 경쟁, 목소리 내는 법 등 질문은 다양했다. 처음엔 스포트라이트를 받는 기분이었지만, 이야기를 들을수록 그들이 원하는 건 거창한 정답이 아니라는 걸 알았다. 내가 겪은 시행착오를 바탕으로 한 구체적인 '생존 팁'이었다.

어느 날, 타 부서 후배가 찾아와 하소연했다. 아이디어를 내면 무시당하다가 남자 동료가 똑같은 말을 하면 채택된다는 것이었다. 너무나 익숙한 상황이었다. 나는 섣불리 위로하는 대신 현실적인 조언을 건넸다. "억울하지? 나도 그랬어. 그럴 땐 감정을 빼고 '프레이밍'을 먼저 해봐. 그리고 반드시 데이터와 근거를 덧붙여.

당장은 안 바뀌어도 계속하다 보면 동료들의 귀가 열릴 거야. 그게 신뢰가 쌓이는 과정이거든.”

3개월 뒤, 그 후배가 환하게 웃으며 달려왔다. 제안이 채택됐다는 것이다. 내 승진보다 더 기뻤다. 프라하에서 박 법인장님이 내게 해 주셨던 것처럼 이제 내가 후배들에게 내어줄 것이 생겼다는 사실이 벅찼다. 나는 그렇게 롤모델의 환상을 벗고 생생한 현실을 보여주는 ‘롤리얼’이 되어가고 있었다.

| 우리 인생은 직선이 아닌 나선형이다

2015년, 나는 ‘여성 임원 후보’라는 타이틀을 뒤로하고 잠시 멈춤을 선택했다. 가족과 건강, 그리고 나를 위한 결정이었다. 주변에선 너무 아깝다며 만류했지만, 나는 내 자신을 믿기로 했다. 잠시 멈춰 선 4개월 동안 오롯이 나를 위한 쉼을 선택했다. 여행, 운동, 건강검진, 독서를 하며 오롯이 스스로에게 집중하는 시간을 가졌다. 그러던 중 뜻밖의 갈증을 발견하게 되었다. 그것은 공부였다. 공부의 갈증은 마흔 중반의 나를 경영학 석·박사의 길로 이끌었다. 강의실에서 이론을 접할 때마다 현장의 경험들이 퍼즐처럼 맞춰졌다. 프라하의 신뢰, 본사의 갈등, 여성 리더의 보이지 않는 장벽 등 모든 경험에 이름이 붙고 설명이 되었다. 그 희열은 나를 대학교수이자 리더십 코치, 그리고 작가라는 새로운 세상으로 안내했다. 인생은 참 모를 일이다. 20대 개발자, 30대 주재원, 40대 팀장을 거쳐 50대에 강단에 서게 될 줄 누가 알았겠는가? 돌이켜보면 내 커리어는 직선이 아니라 나선형이었다. 프라하의 새벽, 엎어진 프로젝트의 밤, 워킹맘의 죄책감으로 지새운 시간들까지 그 모든 치열함이 빙글빙글 돌아 지금의 나를 만들었다. 그리고 그 중심엔 항상 '사람'이 있었다.

당신의 다음 챕터는 무엇인가? 지금 당신이 흘리는 땀과 쌓아가는 신뢰는 상상치 못하는 미래로 당신을 데려갈 티켓이다. 그러니 부디 너무 잘하려고 자신을 갉아먹지 않았으면 좋겠다. 가끔은 최강록 셰프의 '노동주'처럼 자신을 위로하는 시간도 필요하다. 그래야 더 멀리, 더 행복하게 갈 수 있다. 오늘도 타인의 기준에 맞춰 '척' 하느라 고단했던 당신에게 말해주고 싶다.

"당신은 이미 충분히 잘하고 있다. 그러니 이제 남을 위한 요리가 아닌, 오직 당신만을 위한 따뜻한 밥상을 차릴 용기를 내기를 바란다."

그것이 진정한 전문가로, 그리고 진짜 어른으로 성장하는 가장 현실적인 방법일 테니까 말이다.

3.
나를 견디게
해준 힘

박보경

'감정을 드러내서는 안 돼. 절대 흔들려서도 안 되지', '사람들에게 약점을 드러내는 건 위험해, 바보같은 짓이야.'

한 때 내가 믿었던, 악착같이 지켜내던 것 들이다. 조직에는 수많은 눈이 나를 바라보고 있었고 그 중에는 응원만큼이나 경계와 시기도 많았다. 동료라 믿었던 사람들로부터 배신을 경험했고, 내가 지키려 했던 진실이 나를 상처 입히기도 했다. 부당함을 목격했을 때 원칙을 말하는 것 역시 쉽지 않았다.

굳은살이 박혀 점점 딱딱해지는 중이었다. 비슷비슷한 상황에 나는 같은 반응을 했고, 같은 반응을 했으니 늘 힘이 가해지는 곳은 정해져 있었다. 꽉꽉 눌려져 무엇하나 제대로 흘러가지 못했다. 상처의 흔적은 자꾸만 주변으로 번지고 있었다. '이게 아닌 것 같은데', '뭔가 다른 방법이 있을 것 같은데…'와 같은 막연한 불안감과 초조함이 일상에 잔뜩 흐르고 있었다. 그때 코칭을 만났다.

| 코칭은 나에게 누구냐고 물었다

코칭은 자꾸 나에게 누구냐고 물었고, 왜 그렇게 생각하는지 물었다. 멀리서도 보고, 가까이에서도 보라고 했다. 아팠던 상처를 끄집어 내라고도 하고 잘했던 기억도 같이 찾아내라고 했다. 무엇을 향해 가는지, 왜 가는지, 어떻게 갈 것인지 생각하게 했다. 코칭은 내가 어떤 안경을 쓰고 세상을 바라보는지 궁금해했다. 단 한 번도 궁금한 적이 없었던 나 자신을 들여다보면서 점차 고치가 되어갔다.

사람들과 수많은 변화를 겪으며 깨달은 한 가지는 사람의 힘은 완벽함에서 나오는 것이 아니라는 것이다. 고통의 시간을 마주할 수 있는 고요한 용기와 포기하지 않는 희망, 그리고 함께 있어주는 사람과 연결되는 힘이야말로 강한 무기가 될 수 있다. 평온함과 사람에 대한 애정 어린 마음은 위기의 순간에도 도망치지 않을 수 있었던 나의 무기였다.

나는 마틴 셀리그먼(Martin E. P. Seligman)의 긍정심리학(Positive Psychology) 모델을 자주 들춰보곤 한다. 그때는 몰랐지만, 위기의 순간마다 내가 리더로서 발휘할 수 있었던 영향력의 근원과 많이 닮았다고 생각하기 때문이다.

마틴 셀리그먼은 1998년 미국심리학회(APA) 회장으로 취임하면서 심리학의 새로운 방향을 선언했다. 기존 심리학이 병리 중심(Pathology-centered)으로, 인간의 결함과 고통을 치료하는 데만 초점을 맞추고 있다고 비판하며 인간의 강점과 미덕 그리고 행복(well-being)을 과학적으로 탐구하는 새로운 분야로 긍정심리학을 제시했다. 긍정심리학은 '인간이 어떻게 하면 더 행복하고, 더 의미 있게, 더 잘 살아갈 수 있는지를 과학적으로 연구하는 학문'(Seligman & Csikszentmihalyi (2000), American Psychologist)이라고 정의하며 이 학문은 단순한 낙관주의나 마음가짐의 문제가 아니라, 실증적 연구(evidence-based research)를 통해 행복, 의미, 몰입, 강점, 관계, 성취 등을 측정하고 증진하는 방법을 찾는 것을 목표로 한다고 했다.

행복을 구성하는 5가지 핵심 요소, 마틴 셀리그먼, Flourish, 2011

요소	의미	구체적 행동
긍정적 정서 Positive Emotion	즐거움, 감사, 사랑, 희망 등 긍정적 감정을 자주 경험하는 상태	감사 일기 쓰기 '고맙습니다, 감사합니다' 표현하기 좋은 일 회상하고 표현하기
몰입 Engagement	자신이 잘하는 일이나 흥미 있는 일에 완전히 빠져드는 상태 ('Flow')	새로운 것 배우기 코칭하기
관계 Relationships	의미 있고 지지적인 인간관계를 유지하는 것	가족, 지인들과 진심 어린 대화 나누기
의미 Meaning	큰 목적이나 가치에 기여한다고 느끼는 것	봉사활동, 재능기부 공동의 미션에 참여하기
성취 Accomplish- ment	목표를 세우고 달성함으로써 느끼는 성취감	도전적인 목표 설정하기 일상의 '아주 작은' 성공 축하하기

절망을 이겨내는 가장 좋은 방법은 일어나서 무언가를 실행하는 것이다. 좋은 일이 일어나길 기다리지 말라. 나가서 좋은 일을 직접 만들라. 그렇게 하면 당신은 세상에 희망을 퍼뜨릴 것이고, 스스로에게 희망을 채울 것이다.

- 버락 오바마

감독이자 관객으로 주인공을 빛내는 리더의 기술

오랫동안 IT 업무를 해오던 나는 회사에서 어떤 일을 계기로 현장 소속장을 하게 되었다. 정보시스템을 구축하려면 업무분석을 통해 화면도 만들고 로직도 설계하기에 전혀 모르는 업무라고 할 수는 없었지만, 다른 사람의 업무를 분석한다는 것과 그 일의 책임자가 된다는 것의 무게는 그야말로 하늘과 땅 차이였다. 매일 발생하는 크고 작은 민원들과 업무에 익숙하지 않은 직원들, 힘든 싸움을 통과하느라 소진될 대로 소진된 내 바닥난 에너지는 그야말로 총체적 난국의 상황이기도 했다.

크고 작은 문제들을 어떻게 하느냐며 찾아오는 직원들을 도울 수 있는 방법이 뭘까 고민하는 시간이 많았다. 불면의 밤을 보내며 찾아낸 해법은 '스스로 할 수 있게 만든다 '는 것이었다. 우선 익숙하게 잘 하는 고참 직원들을 대상으로 시작했다. 일의 성과와 함께 과정에서 보여준 태도와 노력에 대해 드러나게 칭찬을 했다. "저거 누가 했어? 아이디어가 정말 좋은데?", "정말 잘했네~", "어떻게 그렇게 한 거야? 직원들 모두에게 한번 설명해 줘봐~", "△△는 ○○을 잘 하지? 이번에 이것도 해 볼래?” 매일 근무조가 달라지는 직원들을 만날 때마다 하나씩 숙제를 주고 모두에게 한 번씩 칭찬을 했다. 인사하는 목소리가 맑아서, 걸음걸이가 씩씩해서, 고객을 응대하는 표정이 밝아서, 업무일지 정리가 신속해서 등 모든 것이 다 칭찬 거리였다. 그렇게 직원들에게 자신감을 갖게 해주니 시간이 지날수록 직원들로부터 안정감과 신뢰가 쌓이는 것이 느껴졌다. 우리가 서로를 칭찬하니 고객들로부터 칭찬 민원도 늘었다. 힘들었지만 보람이 있었다.

그러던 어느 날 직원들의 신상카드를 살펴보니 한 사람, 한 사람의 스펙이 대단했다. 내 아이들이라면 어떻게 했을까? 이렇게 훌륭한 인재들이 한 가지 업무에만 안주하면 안 되겠다는 생각이 들었다. 자신들이 가진 무한한 가능성을 발휘할 수 있게 길을 터주고 싶었다. 현재 단계에서 더 잘 할 수 있게 실력을 키워줘야 했다. 지금 하고 있는 일 외에 다른 선택지들이 많다는 것도 알려줘야 했고, 해낼 수 있는 사람들이라는 걸 알려줘야 했다. 하지 않았던 업무를 해 보게 했고 결과에 대한 칭찬보다 도전하는 용기에 더 큰 응원을 보냈다. 최선을 다해 얻은 결과는 실패가 아니라 경험이니 실패도 최선을 다해야 한다고 격려했다. 본사에서 진행하는 각종 경진대회 입상자 명단에는 언제나 우리 소속의 이름이 있었다. 직무교육이든 사외교육이든 가고 싶은 교육은 무조건 보내며 "1등 하고 와."라고 조건을 붙였다. 여기서 1등은 등급에서 주어지는 1등이 아니었다. 그게 무엇이든 너의 최선을 다해 도전의 수준을 최고로 높여 경험해 보라는 것이었다.

물론 직원들의 반발도 있었다. 내 업무가 아닌데 왜 해야 하느냐 물었다. 별 것도 아닌데 괜한 좋은 말인 것 같다는 비아냥도 있었다. 진심을 몰라주는 직원들이 서운했다. 시간낭비인 것 아닌가 하는 회의감도 들었다. 상처투성이인 내 속이나 챙겨야 하는 것 아닐까 흔들렸다. 그렇지만 마지막 나의 선택은 그들을 믿는 것이었다. 다른 사람의 일을 해주는 것이 아니라 나의 가능성을 시험해보는 것이라고 설득했다. 괜한 좋은 말이 아니라 자랑스럽고 감사함의 표현이라고, 솔직한 느낌을 말해주어 고맙다고 얘기했다.

그렇게 함께 하며 일 년 여의 시간을 지낸 덕인지 그 해 내부평가에서 'S'를 받았다. 상대방을 존중하고 깊이 공감하는 법, 상대의 가능성을 믿는 법, 그 믿음을 대화를 통해 하나씩 계획하고 실천해 가는 법을 배우고 적용해보며 우리가 다같이 할 수 있는 일이 있다는 것을 깨달았다. 출근 첫 날 업무보고에서 우리 현장은 어차피 꼴찌라면서 안되는 이유를 한참 읊어주며 무기력했던 친구들이 평가결과를 서로의 공로로 인정하며 활짝 웃었다. 그 모습이 아직도 눈에 선하다.

이후로도 내가 일 년 이상 근무를 했던 부서는 언제나 내부평가에서 'S'를 받았다. 나와 함께 일하는 직원들의 훌륭한 역량을 알기에 그 역량을 잘 발휘할 수 있는 무대를 꾸미는 일이 내 일이라고 생각했다. 직원들이 무대의 주인공으로 최고의 역할을 수행할 때 나는 나머지 일(칭찬하고, 응원하고, 같이 고민하고, 이야기 들어주는)을 묵묵히 하면 되었다. 감독이자 관객으로 무대 뒤에서 박수 치며 지켜보는 일. 나는 그게 좋았다. 그 일을 하면서 나 역시 성공하고, 실수하고, 성찰하며 성장할 수 있었다.

무엇이라도 할 수 있을 것이라는 긍정적인 정서와 구성원들의 잠재력을 믿고 도전할 수 있었던 끈끈한 관계의 힘, 함께 도전할 수 있는 목표를 세우고 업무를 나누고 서로를 응원하며 지속적인 노력을 통해 성취할 수 있었던 경험들은 마틴 셀리그먼이 이야기한 행복의 5가지 핵심요소들이 리더에게 왜 필요한 지, 어떤 상황에서 좀 더 강력하게 발휘될 수 있는지를 체험한 의미 있는 시간이었다.

내가 하는 일의 열매는
다른 사람의 나무에서 열린다

'내가 하는 일의 열매는 다른 사람의 나무에서 열린다' 인사처장으로 근무할 때 모니터 한쪽에 써 놓았던 글귀다. 3P자기경영연구소의 제품에 써 있던 '우리가 하는 일의 열매는 다른 사람의 나무에서 열린다.'를 변형한 것이다. 인사처장이 해야 하는 일과 많이 닮아 있다는 생각에 그렇게 적어두고 내 일의 방향과 결과가 무엇일까 고민하며 잊지 않으려 했다.

이해관계자들의 기준이 모두 다를 때, 본질이 흐려질 때, 방향성이 혼란스러울 때 이 문구는 나에게 큰 힘이 되었다. 내가 하려는 이 일은 어떤 의미인가? 어떤 열매를 맺게 될 것인가? 그 열매가 열릴 나무는 어디인가? 지금 내가 집중해야 할 것은 무엇인가? 나는 누구를 돕고 있는 것인가? 하는 고민속에 커다란 나침반이 되었기 때문이다.

리더가 누군가를 '의미 있게 돕는다는 것'은 단순한 친절이나 배려를 넘어 그 사람 안의 가능성을 발견하고 그것이 스스로 피어날 수 있는 자리를 만드는 일이다. 리더십은 지배나 통제가 아니라 타인의 성장과 성취를 돕는 봉사로부터 시작된다는 견해를 긍정심리학에서는 '프로소셜 행동(Prosocial Behavior)'이라 부른다. 다른 사람의 안녕과 행복을 증진시키는 행동은 단순히 상대를 변화시키는 데 그치지 않고, 행동하는 자신에게도 깊은 의미와 행복을 부여한다는 연구 결과가 반복적으로 확인되었다고 한다. (Grant, 2007; Seligman, 2011)

| 의미있게 돕는 사람

내가 경험한 코칭은 나를 알아가는 과정이었다. 내가 누군지 알게 되니, 내가 극복해야 하는 것이 무엇인지 생각하게 되었고, 불편하고 흔들리는 과정속에서도 조금씩 나아갈 수 있었다. 코치가 뭐하는 사람이냐는 질문에 나는 '의미 있게 돕는 사람'이라고 답한다. '의미 있게 돕는다'의 중심에는 '고객의 성장'이 있다. 조직에 대입해 본다면 '리더의 성공'을 포함한 '구성원들의 성장'이 된다. 리더만 혼자 성공하려 한다면 구성원들은 너무 힘들어질 것이 뻔하다. 리더가 코치의 관점에서 구성원들과 함께 성장해야 한다. '우리'라는 주어는 조직의 심리적 자본을 확장시킨다. 구성원의 자율성과 유능감을 높여 몰입할 수 있는 좋은 구심점을 제공한다. 이런 과정에서 리더 자신도 존재 이유를 재확인하고 명확하게 하며 성장할 수 있게 된다.

이 책을 읽는 당신 역시 '우리'를 의미 있게 도울 수 있었으면 좋겠다. 돕는다는 것은 반드시 내 것을 내어주거나, 엄청난 희생을 요구하는 것이 아니다. 누군가와 비교하여 우위에 있거나 잘나야만 할 수 있는 일도 아니다. 내가 살고 있는 이 순간에 충실하고 함께 할 수 있는 사람들이 있으면 된다. 서로를 돕는다는 것은 가장 인간적인 힘이자 내 삶과 조직이 지속될 수 있도록 지탱하는 힘이다. 리더라는 이름으로 살아가는 모든 이가 끝내 지켜야 할 본질이다.

10여 년 전 함께 일했던 후배에게 자료를 요청하려 연락을 했다. 새로 부임한 곳에서 어떻게 지내느냐 물으니 부담스러운 자리이긴 하지만 애정을 담아 소통하며 노력하고 있다고 한다. 멋지게 잘하고 있다고 하니 예전에 '뽀언니'에게 보고 배운 게 있어서 그대로 하는 것이라는 대답이 돌아왔다. 감사했다. 서툴러도, 흔들려도 당신이 서 있는 그 곳에서 당신은 빛나는 주인공이다. 응원한다.

새로운 나를 찾아 도전하는 '앙코르 커리어'

신정순

"내일의 내가 어제의 나보다 조금이라도 나아진 면이 있다면 그것으로 성공이다. 남을 의식할 필요는 없다. 오로지 나만의 기준으로 판단하면 된다. 오늘 어떤 선택을 해야 내일 좀 더 나은 내가 될 수 있을지 그 답은 나만이 알고 있다. 현재의 다른 사람과 비교하지 말고 어제의 당신과 비교하라. "

-조던 피터슨, '12가지 인생의 법칙' 중

나는 스무 살에 은행원이 되었다. 상업고등학교를 졸업하기도 전인 고등학교 3학년의 7월 여름, 은행으로부터 합격통지서를 받았다. 졸업식이 있기 한달

전부터 은행에 출근을 시작했다. 그 때 나는 은행에만 출근을 시작한 것이 아니라 다른 일에도 첫 걸음을 내딛었다. 바로 새내기 대학생이 된 것이다. 고3 마지막 학기에 전심전력을 다해 대학 입시 공부에 매진했고, 그 결과 학력고사(지금의 수능)를 무사히 치르고 대학에 합격한 것이다. 말 그대로 '주경야독'의 시절이었다. 이 때가 내 인생에 있어 첫 도전의 서막이 열린 시기이다. 그 이후에도 나는 수많은 도전을 끊임없이 시도하게 되기 때문이다.

　은행원으로 일하면서 인생의 굵직굵직한 서사들을 직장 안에서 고스란히 맞이했고 가지런히 채워 넣었다. 결혼을 하고, 아이 둘을 낳고, 승진도 하고, 괄목할 만한 성과도 냈다. 동시에 수많은 도전을 했다. 은행 업무에 필요한 지식과 스킬을 배우기 위해 사방 팔방으로 지치지 않는 열정을 내뿜었다. 그 열정을 바탕으로 나는 주어진 역할에 맞는 최적의 기량을 발휘할 수 있었다. 수신 영업팀의 최연소 팀장이 되었고, 신설 점포에서 초대 지점장을 맡기도 했다. 그렇게 나는 은행이라는 조직 안에서 무한히 성장하면서 '나 다운' 리더가 되어가고 있었다.

　지점을 오픈한다는 것은 생각보다 어려운 일이

었다. 낯선 곳에서 낯선 사람들과 만나는 일이었으며 새로운 환경에 적응하는 시간들이었다. 신설 점포에서는 매일 매일이 극적인 드라마였다. 그 중에서도 지점을 개설하던 첫 해, 신규고객을 유치하기 위해 캠페인을 벌였던 일이 지금도 잊히지 않는다. 지점 인근, 잠실에 있는 모든 아파트 단지들을 일일이 돌아다니며 점포 개설을 알리는 전단지를 나눠주며 홍보 활동을 벌였다. 그 때 나는 지점장이라고 가만히 사무실에 앉아 있지는 않았다. 지점 직원들과 함께 고객들을 찾아 직접 발로 뛰었다. 어떤 단지에서는 잡상인이라고 쫓겨나기도 했고, 또 다른 아파트 주민들은 지점 개설을 반가워하며 서로 스스럼없이 인사를 나누기도 했다. 지점 영업을 할 때 가장 중요한 자산은 바로 사람이다. 직원들은 물론 지점을 찾아오는 모든 고객들이 가장 으뜸인 존재인 것이다.

특히 지점이 속한 지역 공동체 안에서 주민들과 함께 호흡하는 것은 무엇보다도 우선되어야 하는 일이다. 지금도 생각나는 일이 있다. 지점 인근의 지역 주민센터에서 강원도 바닷가 마을인 고성과 상호 협약을 맺고 지역 특산물을 나누던 친선 행사가 있었다. 그때 내가 속한 지점에서도 여러가지로 행사에 협찬을 하고, 원활한 진행을 위해 작게나마 손을 보태기도 했다. 그 때의 인연으로 나는 고성에서 올라오셨던 지역 주민들과의 인연을 아직까지도 이어오고 있으니 사람의 인연이 귀하게 느껴진다.

　　은행에 오시는 고객들은 참 다양하다. 그들의 인생 이야기가 지점 안에서 풀어질 때는 더욱 더 그렇다. 지점영업을 하면서 영업장을 방문하시는 고객들과 모두 세세한 이야기를 나눌 수 있는 것은 아니지만, 가끔씩 지점 상담실에서는 고객과 진지한 이야기를 나눌 때가 있다. 슬픈 이야기일 때도 있고, 어느 날은 함께 웃으며 즐겁고 유쾌하게 상담을 마친다. 어느 날 고객을 배웅하고 다시 지점 사무실을 들어오는 나에게 지점 직원이 질문을 던졌다. "지점장님, ○○ 고객님은 상담실에만 들어 갔다 나오시면 왜 눈시울이 붉어져서 나오시나요?" 순간 '아, 그랬던가?' 싶었다. 질문을 받고 나서야 그 고객과 나누었던 공감의 순간들이 떠올랐다. 사실 무엇 때문에 고객의 눈시울이 붉어졌는지 지금은 잘 기억이 나지 않는다. 그러나 고객과 함께 나눈 진심을 다한 대화들이 서로를 공감하게 했을 것임은 잘 알고 있다. 가만히 들어주기만 해도 마음이 열리고, 응어리가 풀어지는 마법의 순간이 일어나는 것이 공감이기 때문이다. 나는 그 이후에도 수없이 많은 공감과 배려를 경험했다. 이러한 경험이 쌓이고 축적되어 '나다운' 감성리더십을 키울 수 있었다. 인생에서 가장 중요한 가치라고 생각하는 '섬김과 존중의 인간관계'를 추구하는 것 또한 공감과 배려에서 시작되었다.

| 섬김의 리더십

섬긴다는 것은 무엇일까? 그것은 단순히 누군가를 돕는 행위가 아니라 마음을 낮추어 타인의 필요를 먼저 바라보는 겸손한 태도라고 생각한다. 섬김의 본질은 '위에서 아래로 내려다보는 친절'이 아니라 '같은 눈 높이에서 함께 같은 방향을 바라보는 시선'에 있다. 그래서 말 보다는 행동으로, 행동보다는 마음으로 더 깊이 전해져 온다. 은행에 근무하던 시절 내내 나는 고객의 이익을 최우선으로 생각하려 노력했다. 단순히 금융상품을 권하는 것이 아니라 그분의 상황을 진심으로 이해하고 삶의 흐름에 맞는 선택을 도와드리는 것이 진짜 '섬김'이라고 믿었다. 그래서 상담을 마친 뒤 고객이 "지점장님, 오늘 마음이 한결 가벼워졌어요."라고 말할 때가 나에게 가장 큰 보상이었다.

섬김의 리더십은 조직 안에서도 똑같이 적용된

다. 직원들의 어려움을 먼저 살피고 후배가 성장할 수 있도록 기회를 나누어 주는 일, 그리고 함께 일하는 사람들의 노고를 잊지 않고 인정하는 것들이다. 이러한 세심하고 따뜻한 실천들이 모여 신뢰의 문화가 만들어진다. 나는 이것이 '섬김의 리더십'이자 '존중의 리더십'이라고 믿는다. 이제 나에게 섬김은 일의 방식을 넘어 삶의 방식이 되었다. 진심을 다해 경청하고, 작은 일에도 감사하며, 서로의 존재를 가장 귀하게 여기는 일이다. 그런 마음이 결국 나 자신을 더욱 더 단단하게 세우고, 다른 사람들에게도 힘이 되어준다. 앞으로도 나는 내가 만나는 모든 사람에게 섬김으로 존중을 실천하는 사람이 되고 싶다. 이렇게 나를 귀하게 섬김의 리더십과 연결해 주고, 존중을 삶의 방식으로 삼을 수 있게 만들어 준 원동력은 다름아닌 배움이었다.

| 배움의 가치

지금까지 은행에서 내가 성장하는 데 도움을 준 가장 중요한 키워드는 '배움'이다. 야간대학을 졸업한 이후에도 나의 배움은 끝이 없었다. 은행업무에 필요한 과정이라면 놓치지 않고 찾아 다니며 익히려고 노력했다. 은행 경력이 쌓이면서 자연스럽게 자산관리 전문가의 소양도 갖출 수 있었다. 또한 은행 학술연수 과정으로 해외 석사과정도 마칠 수 있었다. 조금 늦은 나이인 40대 중반에 도전한 해외 학술 연수는 나에게 불가능한 일에 가까운 장벽을 뛰어 넘는 엄청난 도전이었다. 처음 딛어 보는 낯선 땅, 영국에서의 재무석사 공부는 내 인생에서 가장 힘든 시기였다. 도저히 넘어설 수 없는 벽을 넘기 위해 머나 먼 땅, 붉은 교정에서 흘린 눈물이 캠퍼스를 홍수로 넘쳐나게 할 뻔했기 때문이다. 다행히도 무사히 석사 과정을 마칠 수 있었고, 값진 학위를 취득했다. 지금은 그 때를 회상하며 나 자신을 토닥토닥 위로할 수 있으니 그저 감사할 따름이다. 나는 왜 그렇게 배우는 것을 좋아했을까? 바로 배움의 가치가 나에게는 다른 그 무엇보다도 더 중요했기 때문이다. 모르는 것을 하나둘씩 알아갈 때의 기쁨이 내 인생에 있어서 가장 최상의 만족감을 가져다주었다.

은행을 퇴직하기 전에 나는 또 다른 모험을 감행했다. 인생 2막, '앙코르 커리어'를 위해 코칭을 배웠고, 한국코치협회 소속의 전문코치가 되었으며, 경영대학원에서 리더십과 코칭을 전공하는 늦깎이 대학원생이 되었다. 배우는 게 너무 좋아서 2년 과정의 대학원 석사과정을 1년만에 조기졸업하고, 지금은 또 다른 도전을 시도하고 있다. 요즘에는 국가공인자격인 과정평가형 직업상담사 1급 교육과정을 듣고 있다. 이 글을 쓰고 있는 지금도 가방 속에는 다음 주 시험을 볼 과목의 핵심 요약 노트가 숨겨져 있다. 내가 도전하는 세계는 다름 아닌 '나 다운' 가치관을 펼치는 세계이다. 조던 피터슨이 강조한 것처럼 다른 사람과 나를 비교하는 것이 아닌 '어제의 나 자신'과 비교하는 것이다. 내가 꿈 꾸는 '앙코르 커리어'는 내가 살아온 어제의 나를 '롤 리얼'로 삼는 여정이다. 이 길을 뚜벅뚜벅 걷고 있는 나와 같은 모든 배움의 리더들을 진심으로 응원한다. 그대들의 '앙코르 커리어'도 지금부터 시작이다. 어깨를 활짝 펴고 걸어도 좋다.

앙코르 커리어는 '다시 시작하는 것'이 아니라 한층 더 깊어지는 축적의 시간이자 이제까지의 경험과 성취를 발판 삼아 새로운 꿈을 꾸는 시간이다. 한층 더 깊어진 나 자신을 다시 만나며 진정한 '나 다운' 가치를 실현하기 위해 심화되어 가는 여정이다. 세월이 다듬은 시간의 결은 나를 단단하게 만들었고, 그 속에서 얻은 경험과 배움은 이제 나만의 언어로, 리더십으로, 그리고 삶의 철학으로 이어지고 있다. 가끔씩 누군가 나에게 묻는다. "이제는 좀 쉬어도 되지 않나요?" 그럴 때마다 나는 가만히 미소를 띠며 대답한다. "저에게는 아직 내일 배워야 할 게 남아 있습니다." 나에게 배움은 더 이상 의무가 아니라 살아 있다는 증거이다. 인생길을 걸어가는 여정에서 '나 다운' 노력은 누군가에게 보여주기 위한 발버둥이 아니라 나 자신을 더 깊이 이해하고 성장시키기 위한 다짐이다.

　돌아보면 내가 걸어온 길의 중심에는 언제나 '사람'이 있었다. 고객과의 진심 어린 대화, 동료와의 신뢰, 그리고 일과 배움 속에서 나누어 온 섬김의 시간들이다. 그 모든 관계 속에서 나는 한 가지 진리를 배웠다. 진정한 리더십은 권위나 지위가 아니라 타인을 존중하고 그 안에서 자신을 낮추는 태도에서 비롯된다. 섬김은 나에게 단순한 미덕이 아니라 삶의 방식이 되었고, 존중은 내가 관계를 맺는 모든 순간들의 기준이 되었다.

　나는 오늘도 나에게 묻는다. "내가 걷는 이 길 위에서 나는 얼마나 누군가의 안식이 되고 있는가?" 섬김의 리더십은 멀리 있지 않다. 누군가의 말을 끝까지 들어주는 것, 공감의 눈빛으로 마음을 건네는 것, 그리고 함께 걷는 이들의 걸음에 맞추어 속도를 조절하는 것.

그렇게 작고 세심한 배려가 쌓여 신뢰의 공간이 되고 그 공간 안에서 모두가 성장한다.

나의 앙코르 커리어는 화려한 무대가 아니라 삶의 깊이를 증명하는 또 하나의 장면이다. 세상의 평가보다 나의 진심이 더 중요한 자리, 타인을 돕는 기쁨이 나를 다시 일으키는 순간, 그 모든 시간이 모여 나만의 앙코르 무대를 만들어준다. 그것은 환호보다는 여운으로, 박수보다는 울림으로 남는다. 오늘도 나는 나만의 노트에 또 한 줄을 적어 넣는다. '나 다운 리더십으로, 나 다운 내일을 만들어가자.' 그리고 그 문장 끝에 조용히 덧붙인다. '브라보, 나의 앙코르 커리어. 그리고 오늘도 '나 답게' 살아가는 모든 리더들에게, 그대들의 여정이 언젠가 한 편의 노래처럼 남아 이 시대의 참한 용기가 되기를 바란다.' 라고.

| 후배 여성 리더들에게

AI 시대를 살아갈 후배 여성 리더들에게 조용한 응원의 말을 전하고 싶다. 인공지능 기술이 아무리 발전해도 세상을 움직이는 것은 결국 사람의 마음이다. 알고리즘이 이끌 수 없는 깊은 따뜻함, 데이터로는 도저히 계산되지 않는 배려, 그리고 위기 속에서도 관계를 지켜내는 힘은 오로지 사람에게 있다. 그것이 바로 그대들이 가진 가장 큰 경쟁력이다. AI가 세상을 더 빠르게 만들수록 그대들의 섬김과 존중은 더 강한 울림이 되어 줄 것이다. 감정을 이해하고, 변화를 두려워하지 않으며, 함께 성장하는 리더십이 바로 이 시대가 기다리는 진짜 'AI시대의 찐 리더십'이다.

따라서 자신을 믿고 그대만의 속도로 걸어가길 언제나 응원한다. 그 길의 끝에는 그대를 맞이할 따뜻한 등대의 불빛이 기다리고 있을 것이다. 그 빛 안에서 만날 우리의 내일을 또한 기대한다. 내일은 또 다른 찬란한 태양이 붉게 떠 오를 것이기에 우리의 만남은 세상에서 가장 아름다운 기적을 이룰 수 있을 것이다.

타이틀 말고
축적의 시간을 보자

이미재

아이러니하게도 한창 회사에서 일할 때 나는 자기계발서를 좋아하지 않았다. 특히 여성 리더가 쓴 성공담은 더 그랬다. '이렇게 했더니 되더라', '자신감만 가지면 된다'는 문장을 읽을수록 이상하게 힘이 빠졌다. 그 말이 틀린 것은 아니다. 그러나 늘 '저 사람의 출발선은 나와는 다르잖아.' '나는 왜 아직도 여기일까?'라는 생각이 떠올랐다. 항상 책을 다 읽고 나면 아직도 기를 쓰고 있는 내가 너무 한심해 보였다. 그 시절의 나는 위로가 아니라 현실적인 좌표가 필요했다. '성공'한 사람의 정답보다 버티는 사람의 '진짜 상황'이 절실했다.

나는 삼성전자에서 30년 가까이 일했다. 대졸 여

성 공채 1기, 영업/마케팅/신사업, 숫자와 결과로 말하는 현장. 겉으로 보면 나름대로 '성공한 직장인'이라고 말할 수 있는 경로다. 그러나 누군가 그 이야기를 할 때마다 나는 아니라고, 대단하지 않다고 손사래를 치기 바빴다. 진심으로 나는 대단하지 않다고 느꼈으니까.

성과는 분명 쌓였다. 삼성페이를 B2B 사업에 맞게 론칭했고 B2C로만 판매하던 가전을 프리미엄군으로 가져와 가구사나 인테리어사와 접목시키기도 했다. 칭찬도 받았고 성과도 있었다. 그럼에도 그것을 '성공'이라고 부를 수 없었다. 나에게 성공이란 임원, 사장 같은 '타이틀'이었기 때문이다. 그 자리에 오르지 못하면, 아무리 오래 버텨도 아직 증명되지 않은 사람 같았다. 그래서 나는 늘 스스로를 낮게 평가했다. 30년을 일했어도, 성과를 냈어도, 조직이 나를 필요로 한다는 신호를 받아도 "대단한 것이 아니다."라고 말하곤 했다.

그런데 새로운 회사에서 HR 임원으로 고군분투하며 생각이 바뀌기 시작했다. 그 회사는 20대에서 30대 초반까지의 여성들이 인력의 대부분을 차지하고 있었다. 그들을 면담하고 코칭할 때마다 듣는 말이 "상무님, 대단하세요." 였다. 무엇이 그들에게 대단하게 보였을까? 곰곰이 생각해보니 나처럼 오래 일한 사람이 생각보다 많지 않아서였다. 조직은 계속 바뀐다. 리더도 바뀌고, 성과의 기준도 수없이 바뀐다. 그때마다 자리를 옮기거나, 밀려나거나, 스스로 내려오는 사람들이 많다. 그 변화 속에서도 계속 역할을 바꿔가며 남아 있었다는 것. 그렇게 계속 '쓸모 있는 사람'으로 남아 있었던 시간은 타이틀로 설명할 수 없는 가치였다.

나는 그동안 '성공'을 오해하고 있었다. 성공은 올라가는 자리라고 믿었고, 대단함은 누군가 불러주는 타이틀이라고 생각했다. 하지만 대단함은 위에 있는 사람이 아니라 오래 남아 있는 사람이었다. 같은 판 위에 남아 있으면서도 환경이 바뀔 때마다 역할을 바꾸고, 기준이 달라질 때마다 다시 배우고, 사람이 바뀔 때마다 관계를 다시 쌓아온 사람. 그 시간은 성과표에도, 명함에도 남지 않는다. 하지만 그 시간 덕분에 조직은 다음으로 넘어갈 수 있었고, 누군가는 그 위에서 다시 시작할 수 있었다. 타이틀이 없어도 누군가의 커리어가 이어질 수 있게 판을 지키고, 연결하고, 다음을 가능하게 한 사람이라면 이미 충분히 대단하다는 것을 이제는 안다.

사내코치가 되고, HR 임원으로 사람들을 직접 만나기 시작하면서 나는 이전과 다른 방식으로 일을 보기 시작했다. 더 잘하라는 말 대신, 더 열심히 하라는 말 대신, 멈춰서 함께 일을 다시 보았다. 이 문제가 개인의 역량 문제인지, 역할 설계의 문제인지, 지금 이 사람이 떠안고 있는 책임 중에서 원래 그의 몫이 아닌 것은 무엇인지. 더 애쓰기 전에 구조를 바꾸면 해결될 지점은 어디인지. 많은 리더들이 이 질문들 앞에서 숨을 돌렸다. "아, 제가 부족해서 힘든 게 아니었군요." 사람을 바꾸지 않아도 되는 일도 많았다. 역할의 경계를 조정하고, 책임을 나누고, 성과를 개인의 지지 대신 구조의 결과로 다시 설계하자 팀은 덜 소진되면서도 결과를 만들었다.

내가 오래 버텨온 시간은 나 하나를 증명하기 위한 시간이 아니라 다음 사람이 덜 소진되게 하기 위한 축적의 시간이었다. 이 책을 쓰게 된 이유도 거기에 있다. 우리는 누군가의 롤모델이기보다 이미 그 시간을 살아낸 '롤리얼'이기 때문이다. 완성된 정답을 보여주기보다 어디에서 흔들렸고 어떻게 다시 중심을 잡았는지를 말할 수 있는 사람들. 지금 이 글을 읽는 당신이 아직도 스스로를 '아직이다'라고 평가하고 있다면, 아직 타이틀이 없다는 이유로 자신의 시간을 과소평가하고 있다면 이 말을 꼭 전하고 싶다. 잘해서 여기까지 온 것이 아니다. 버티면서, 배우면서, 계속 쓸모를 만들고 남아 있었기 때문에 여기까지 왔다.

리더십은 완성형이 아니라 축적형이다. 하루를 버텨낸 선택, 망설이다 다시 해본 시도, 조금 덜 틀리기 위해 바꿔본 방식들이 어느 날 누군가에게는 가장 현실적인 이정표가 된다. 그래서 이 글을 남긴다. 누군가에게는 조금 이른 위로로, 누군가에게는 늦었지만 정확한 언어로 닿기를 바라며.

타이틀이 없어서 아직이라고 말해온 당신에게. 아직 완성되지 않았다고 스스로를 몰아붙여온 당신에게. 이미 쌓아온 시간이 있다면, 그 자체로 충분하다. 나의 글이 "저 사람처럼 되어야지."가 아니라 "이렇게 가도 되겠구나."라는 마음을 남긴다면 그걸로 충분하다. 타이틀 말고, 축적의 시간을 보자.

HIGH-END COACHING

2

AI가 못 가르치는 회사 생존기술 '하이엔드 코칭'

G(Goal),
내 목표가 없었다

먼저, 한국 여성 직장인의 현실에 대해 솔직한 이야기를 한번 나눠보려고 한다. 한국 여성의 대학 진학률은 세계 최상위권이다. 여성 노동참여율도 꾸준히 상승하고 있다. 그런데 이상하다. 기업 내 유리천장 지수는 13년 연속 OECD 최하위다. 2024년 기준, 국내 100대 기업의 여성 임원은 463명으로 역대 최다를 기록했다. 숫자만 보면 나아진 것 같다. 그런데 대표이사 자리까지 올라간 여성은 단 4명이다. 실제로 조직을 이끄는 여성은 거의 없다는 뜻이다. 더 심각한 건 출발선부터 다르다는 점이다.

2025년 5월 맥킨지 조사를 보면, 첫 관리자 승진

단계에서 남성 100명이 승진할 때 여성은 81명만 같은 기회를 얻는다. 이른바 '부러진 첫 사다리(Broken Rung) 현상'이다. 문제는 능력이 아니다. 출발선부터 다른 판으로 시작한다는 거다. 배움은 충분하다. 역량도 부족하지 않다. 하지만 여성이 설 수 있는 판은 여전히 닫혀 있다. 여성은 준비되어 있는데 시스템은 아직 준비되지 않았다.

| 리더가 사라지는 시대가 오고 있다

더 놀라운 현상이 있다. 리더 자리가 있어도 그 자리를 원하지 않는 사람들이 늘어나고 있다는 것이다. ChatGPT는 보고서를 대신 작성한다. AI는 데이터를 분석하고 전략을 짠다. 기술은 점점 더 발전한다. 그런데 아이러니하게도 조직의 심장부인 '사람의 문제'는 더 어려워졌다. 2023년 하버드 비즈니스 리뷰 조사에 따르면 관리자의 53%가 번아웃을 경험했다고 한다. 20·30세대의 직장인 3명 중 1명은 중간관리자가 되기를 원하지 않는다. 임원이 되는 미래조차 선택지에서 제외하는 비율은 40%에 달한다.

리더가 필요 없는 시대가 아니다. 리더가 사라지는 시대가 되고 있다. 기술이 발전할수록 조직은 더 평평해졌지만, 그 안에서 성과·관계·맥락·감정을 설계할 사람은 더욱 절실해졌다. 숫자로 측정되지 않는 성과의 질. 데이터로 포착되지 않는 동기와 몰입. 이것이 AI 시대에 꼭 필요한 리더십의 본질이다.

한국 직장여성들이 마주한 '삼중장벽'과 보이지 않는 내적 장벽

세계경제포럼은 경제 불황이 심화될수록 여성 리더 채용률이 구조적으로 감소한다고 경고한다. 한국 여성들은 여기에 삼중 장벽을 더 마주하고 있다.

첫째, 구조적 장벽이다. 이는 단순한 제도의 미비가 아니다. 오랜 시간 반복되어 온 인사 관행과 승진 경로, 네트워크 중심 의사결정 방식이 제도화되며 형성된 구조적 현상이다. 여성 임원은 여전히 소수이며 등기임원의 상당수는 사외이사에 머문다. 이는 노골적인 차별이라기보다 과거의 관행이 그대로 유지되며 승진 파이프라인에 균열을 만든 결과다. 여성 인력의 경제 참여 확대가 한국 GDP를 0.7%p 이상 끌어올릴 수 있다는 분석이 있음에도 조직 구조는 그 잠재력을 충분히 흡수하지 못하고 있다.

둘째, 문화적 장벽이다. 일과 가정의 병행, 경력

공백에 대한 냉혹한 시선, 그리고 세대 갈등까지 더해진다. 여성 관리자는 남성 관리자보다 압박과 번아웃을 더 자주 경험한다는 연구결과도 있다. 셋째는 정체성의 장벽이다. '예, 예, 예' 문화 속에서 성장한 세대와 '왜요?'를 묻는 세대 사이에서 여성 리더는 늘 중간에 서 있다. 그 결과 '리더가 되면 내 삶은 사라진다'는 믿음이 아직도 많은 여성들의 내면에 자리 잡고 있다. 하지만 외부 장벽보다 더 무서운 게 있다. 스스로를 가두는 '내적 장벽'이다. KPMG의 조사를 보면 임원급 여성의 75%가 커리어 과정에서 가면 증후군(Imposter Syndrome)을 경험했다. '내가 과연 이 자리에 있을 자격이 있을까?' 하는 의심이다. 4만 명 이상을 대상으로 한 연구에서도 여성은 남성보다 이 감정을 더 자주, 더 강하게 경험하는 것으로 나타났다. HP의 내부 연구는 더 선명하다. 남성은 자격 요건의 60%만 충족해도 지원한다. 여성은 100% 충족해야 지원한다. 링크드인(LinkedIn) 보고서 역시 여성이 남성보다 16% 덜 지원하고, 결과적으로 더 적은 기회를 스스로 선택한다는 걸 보여준다. 문제는 능력이 아니다. 내가 속한 환경 위에서는 방식이다.

| 해법은 '하이엔드 코칭'에 있다

이 모든 문제를 관통하는 하나의 질문이 있다. "이 시대에, 무엇이 진짜 경쟁력일까?" 우리는 단호하게 말할 수 있다. "AI 시대의 경쟁력은 기술이 아니라 스스로를 운영하는 능력이다." 성과를 어떻게 만들고, 누구와 관계를 쌓으며, 환경(맥락)을 어떻게 읽고, 감정을 어떠한 방식으로 엔진으로 사용하는지. 이것이 AI 시대에 우리가 걸어가야 하는 솔루션이다. 그리고 이 네 가지를 동시에 운영하는 힘이 커리어의 격차를 만들어 낸다. 하이엔드 코칭은 단순히 가격이 높다는 의미가 아니다. 현실을 다루는 방식이 정교하다는 뜻이다. 데이터와 도구, 검증된 프레임을 활용하되 AI가 대체할 수 없는 마지막 20%, 즉 진짜 성과, 관계, 맥락, 감정을 깊고 섬세하게 다룬다. 하이엔드 코칭은 세 가지 핵심으로 작동한다.

① 정교한 진단: 현실을 있는 그대로 읽는다
② 맞춤형 개입: 상황에 최적화된 선택을 돕는다
③ 지속 가능한 변화: 성과까지 연결되는 시스템을 만든다

하이엔드 코칭은 성찰로만 끝나지 않는다. '누구에게, 어떤 맥락에서, 어디까지'를 설계한다.

R(Reality), 기회의 부족인가, 역량의 부족인가?

조직 내에서 여성의 커리어는 '운'이 아니라 '설계'에서부터 시작한다. 그렇지 않으면 기회조차 없다.

3년 차, 나는 왜 승진에서 밀렸을까?

"이번 승진 대상자 명단 나왔어요." 팀장이 회의실에 붙인 공지를 보는 순간, 가슴이 철렁 내려앉았다. 내 이름은 없었다. 입사 동기 중 가장 먼저 프로젝트 리더를 맡았던 건 나였다. 야근도 마다하지 않았고, 주말에도 보고서를 다듬었다. 성과도 나쁘지 않았다. 팀장한테도 "수고했어요."라는 말을 수도 없이 들었다. 그런데 승진한 건 남자 동기 직원 두 명이었다. 점심시간, 화장실 거울 앞에 서서 나도 모르게 중얼거렸다. '내가 뭘 잘못한 걸까?' '더 열심히 했어야 했나?' '혹시 내 역량이 부족한 건가?' 퇴근길에 엄마한테 전화가 왔다. "요새 회사 어때? 승진 얘기 있어?" "아니, 아직이야." "아이고, 넌 좀 눈에 띄게 일해야지. 조용히만 있으면 누가 알아주니?" 전화를 끊고 지하철에 앉아 생각했다. '눈에 띄게' 일한다는 게 뭘까? 나는 이미 충분히 열심히 하고 있는데.

| 7년 차, 과장 달고 나니 더 외로웠다

승진 누락을 딛고 결국 과장까지는 올라갔다. 하지만 그때부터 새로운 고민이 생겼다. 회의실에 들어가면 과장급은 나를 포함해 5명. 그중 여자는 나 혼자. 다들 편하게 농담을 주고받는데 나만 어색하게 웃는다. 어느 날 중요한 기획안을 발표했다. "고객 데이터를 분석한 결과, 이번 캠페인은 감성 코드를 강조하는 방향이 효과적입니다." 내 말을 듣고 어느 부장님이 말했다. "김 과장, 아이디어는 좋은데 좀 감성적인 것 같아요. 숫자로 증명할 수 있어요?" 나는 준비한 데이터를 보여줬다. 그런데 다음 순서였던 남자 과장이 비슷한 논리로 이야기했을 때는 분위기가 달랐다. "오, 이건 전략적이네요. 트렌드를 잘 읽었어요." 분명 똑같은 내용인데 내가 말하면 '감성적', 남자 동료가 말하면 '전략적'인 내용이 되었다.

점심 먹으러 가는 길에 후배가 조심스럽게 물었다. "언니, 회의 때 좀 억울하지 않으세요?" "뭐가?" "아니, 언니가 먼저 말한 건데." "그냥 그런가 보다 하고 넘어가야지." 겉으로는 태연하게 말했지만, 속으로는 계속 생각했다. '내가 뭘 잘못한 걸까? 말투? 목소리의 톤? 아니면 정말 내 기획이 부족한 건가?'

| 10년 차, 차세대 리더 후보에 올랐지만

"축하해요. 이번에 회사 차세대 리더 육성 프로그램 대상자로 선정됐어요." 인사팀장의 말을 듣는 순간, 정말 기뻤다. 하지만 두려움이 컸다. '벌써 리더 역할을 잘 할 수 있을까?' '회사에 여성 임원이 거의 없는데, 나는 누구를 롤모델로 삼지?' '혹시 내가 실수하면 "여자는 역시 안 돼." 같은 말을 들으면 어쩌지?'

시간이 지나 육성 프로그램 첫날, 20명의 후보자가 모였다. 그중 여자는 나 포함 3명뿐이었다. 강사가 물었다. "여러분이 존경하는 우리 회사 리더는 누구입니까?" 남자 후보자들은 술술 이름을 댔다. 자기 부서 임원, 다른 본부 상무, 심지어 사장님까지. 나는 머릿

속이 하얘졌다. '우리 회사에 여성 임원이 누가 있더라. 사외이사 한 분? 그분은 한 번도 뵌 적 없는데.' 결국 나는 책에서 본 그럴싸한 글로벌기업 CEO를 생각해냈다. "저는 글로벌 기업 OOO CEO를 존경합니다." 옆에 앉은 남자 후보자가 속삭였다. "김 과장님은 참 글로벌하네요." 칭찬처럼 들렸지만, 속으로는 씁쓸했다. 내가 글로벌하기 때문이 아니라 회사 안에 참고할 여성 선배가 없어서 책으로 찾은 것이었으니까.

| 15년 차, 팀장이 된 날의 외로움

드디어 그토록 바라던 팀장이 되었다. 기뻤다. 하지만 동시에 무거웠다. 첫 팀 회의를 열었다. 팀원 7명 중 여성 2명, 남성 5명. 다들 나보다 어리지만 경력은 3~10년 차로 다양했다. "앞으로 우리 팀은 이렇게 운영하려고 합니다. 질문 있으면 언제든지 말씀해주세요." 한 남사 내리가 물었다. "팀장님, 그럼 야근은 어떻게 하나요? 전 팀장님은 주말에도 일 많이 시키셨는데." 나는 대답했다. "가능하면 정시 퇴근하는 걸 목표로 하되, 급한 건 협의해서 처리하죠." 그 대리가 동료들 눈치를 보며 웃었다. "역시 여자 팀장님은 다르네요." 그 말이 칭찬인지 비꼬는 것인지 알 수 없었지만,

팀장으로서 일하는 첫날부터 '여자 팀장'이라는 딱지가 붙는 기분이었다. 몇 달 후 팀 성과 평가 회의가 있었다. 본부장이 내게 말했다. "김 팀장 팀은 성과는 괜찮은데, 좀 더 강하게 밀어붙여도 될 것 같아요. 너무 부드럽게 하는 것 아닌가?" 나는 숫자로 증명했다. 우리 팀 성과는 다른 팀에 비해 상위권이었다. 야근 시간은 적었지만 효율은 높았다. 그런데 회의 후 복도에서 다른 팀장이 지나가며 말했다. "김 팀장은 팀원들한테 인기 많겠네. 야근 안 시키고." 그 말에는 '그래서 성과가 부족하다'는 의미가 담겨 있었다.

| 정말 역량이 부족한 걸까?

이 이야기는 나만의 이야기가 아닐 것이다. 수많은 여성 직장인들이 공통으로 겪는 현실이다. 3년 차든, 7년 차든, 10년 차든, 팀장이든 팀원이든 상관없이 우리는 늘 비슷한 질문 앞에 선다. '내가 역량이 부족한 걸까?' '내가 더 잘했어야 했나?' '여자라서 안 되는 건가?' 역량은 이미 충분하다는 것을 데이터가 증명하고 있다. 현재 한국의 여성 고등교육 이수율은 OECD 상위권이다. 대학 졸업생 중 여성 비율은 50%를 넘는다. 대기업 신입사원 중 여성 비율도 40%를 넘어선다. 요즘 여성 인재의 풀(pool)은 분명히 커지고 있다. 또한 직장 내 여성 관리자 비율도 꾸준히 증가하고 있는 추세이다. 그런데 이상한 일이 벌어진다. 상위로 갈수록 숫자는 급격히 줄어든다. 과장급 여성 비율은 약 30%, 차장급 여성 비율은 약 20%이고, 부장급으로 올라가면 약 12%까지 떨어진다.

2024년 기준 한국의 여성 임원 비율은 6.3%에 불과하다(한국기업지배구조원). OECD 평균이 25% 수준임을 고려하면 여전히 유리천장은 견고하다. 더 충격적인 것은 그 6.3% 중에서도 실제 경영을 주도하는 등기임원은 극소수라는 점이다. 대부분은 사외이사나 비상임이사다. 이름만 올라가 있을 뿐 진짜 의사 결정권은 없다는 점이다. 앞에서도 강조했던 맥킨지의 'Women in the Workplace' 보고서는 '첫 관리자 승진 단계에서 남성 100명이 승진할 때 여성은 평균 81명만 동일한 기회를 얻는다.'라고 밝힌다. 이른비 'Broken Rung(부러진 첫 사다리)' 현상이다. 문제는 능력이 아니다. 출발선부터 다른 판이라는 점이다. 맥킨지 보고서는 또한 이렇게 덧붙인다. "여성이 리더십으로 성장하는 경로에서 가장 큰 이탈 지점은 과장, 차장급에서 팀장으로 승진하는 단계다." 이 시기를 넘지 못하는 이유 중 하나가 바로 멘토와 롤모델의 부족이다. 즉, 역량이 부족해서가 아니라 참고할 만한 방향과 길이 부족해서 여성들은 리더십의 사다리 중간에서 멈추곤 한다.

| 기회와 역량을 갖춘 두마리 토끼는 없을까?

여성 직장인이 '기회'와 '역량'이라는 두 마리 토끼를 동시에 잡기 위해서는 무엇이 필요할까? 이제 그 구체적인 방법을 살펴보자.

첫째, 조직 차원의 여성 리더 멘토링 제도화가 필요하다. 단순한 조언 중심의 멘토링이 아니라 같은 길을 걸어본 선배와 이제 막 올라선 후배를 연결하는 구조적 프로그램이 필요하다. 미국 포춘 500대 기업의 70% 이상이 여성 리더십 프로그램에 멘토링 제도를 포함하고 있다. 한국 기업들도 여성 관리자, 팀장과 신입, 주니어 여성 직원들을 연결하는 플랫폼을 마련한다면 효과는 훨씬 커질 것이다.

다음 장에 소개할 하이엔드 코칭 관점에서 이것은 2D(Discover the Context, 맥락탐색)에 해당한다. 조직 문화, 세대 갈등, 구조적 편향 등 외부 맥락을 분석하고 이해하는 과정이 멘토링을 통해 자연스럽게 일어난다.

둘째, 여성 성공사례를 적극적으로 가시화해야

한다. 여성도 남성 못지 않게 공정한 과정에서 우수한 성과를 내는 실제 사례를 적극적으로 발굴하고 공유하는 것이 중요하다. 사내 뉴스레터나 사내 방송, 그리고 외부 컨퍼런스를 통해 메시지를 꾸준히 전파해야 한다. 한 명의 여성 리더의 이야기가 수십 명의 후배에게 심리적 안전감과 실질적 동기부여를 제공하기 때문이다. 예를 들어 한 IT 기업은 분기마다 '여성 직원 스토리'를 공유하는 세션을 운영한다. 신입부터 임원까지 다양한 직급의 여성들이 실패담과 극복 과정을 솔직하게 나눈다. 이 프로그램 이후 여성 승진 지원율이 25% 증가했다.

다음 장에 소개할 하이엔드 코칭 관점에서 이것은 4D(Drive with Momentum, 추진력 구축)에 해당한다. 개인 목표와 조직 성과를 연결하여 지속 가능한 시스템을 구축하는 과정이다.

셋째, 여성특화 리더십 역량 개발 지원이 필요하다. 여성이 겪는 도전은 단순히 리더십 스킬 부족이 아니라 '이중 부담', 즉 성과 증명과 편견 대응에서 비롯된다. 따라서 교육에는 영향력 있는 커뮤니케이션 역량, 보이지 않는 편견 대응법, 일과 삶의 조율 등 여성 특화 모듈이 반드시 포함돼야 한다.

다음 장에 소개할 하이엔드 코칭 관점에서 이것은 *3D*(Design to Act, 행동설계)에 해당한다. 코칭, 멘토링 등 융합된 방법으로 최적화된 해법을 도출한다.

넷째, 조직문화 차원에서 '롤리얼(Role Real)'을 확산해야 한다. 완벽한 롤모델이 아니라 실패와 성장의 과정을 솔직하게 공유하는 문화가 필요하다. "나는 이런 부분이 이렇게 흔들렸지만 여기까지 왔다."라는 이야기 속에서 후배들은 자신의 미래를 그려낸다. 한 금융사는 '리더의 실패 공유 세션'을 분기마다 운영한다. 처음엔 참여율이 낮았지만, 3년이 지난 지금은 전 직원이 기다리는 인기 프로그램이 됐다. 결국 지금의 내가 누군가의 롤리얼이 되는 것이다.

여성의 성장은 기회의 부족이 아니라, 길을 보여 주는 선배의 부족에서 비롯된다. 누군가 먼저 해 주길 기다릴 필요는 없다. 지금 내가 누군가의 롤리얼이 되는 것! 당신이 오늘 회의에서 떨면서도 의견을 냈다면, 그것이 롤리얼이다. 실수했지만 다시 일어섰다면, 그것이 롤리얼이다. 완벽하지 않아도 계속 앞으로 나아간다면, 그것이 바로 후배들이 보고 배울 롤리얼이다. 지금 당장 실천하는 것이 가장 현실적이고, 이 시대에 가장 절실한 리더십의 출발점이다.

O(Options),
하이엔드 코칭

'코칭'이라는 단어는 이제 어디에나 쉽게 접할 수 있다. 요즘은 누구나 코칭을 말한다. 회사에서도 '코치형 리더'를 외친다. SNS에는 '질문만 바꾸면 인생이 바뀐다'는 문장이 넘친다. 서점에는 코칭 책이 쏟아지고, 유튜브에는 '1분 코칭' 영상이 즐비하다. 더욱이 생성형 AI는 디 빠르디. 챗GPT에 상황을 입력하면 대화 스크립트도, 피드백 문장도, 갈등 해결 대안도 3초 만에 쏟아낸다. "팀원이 실수했을 때 어떻게 피드백해야 할까요?"라고 물어보면 AI는 즉시 5가지 스크립트를 제안한다. "상사와 의견이 다를 때 어떻게 말해야 할까요?"라고 물어보면 단계별 대화 전략을 정리해준다.

정보는 차고 넘친다. 검색창에 몇 글자만 입력하면 정답은 순식간에 눈앞에 펼쳐진다. 그런데 아이러니하게 우리의 하루는 더 복잡해지고 더 버거워졌다. 온라인에서는 모든 것이 명확해 보이지만, 현실의 조직은 전혀 다른 논리로 움직인다. 성과를 내도 온전히 인정으로 이어지지 않고, 관계를 챙기다 보면 정작 나는 쉽게 지쳐버린다. 조직의 맥락을 놓치는 순간 그동안의 노력은 한 번에 튕겨 나가듯 무너진다. 감정이 소진되면 그 어떤 스킬과 전략도 힘을 잃는다. 특히 여성 직장인에게 이 문제들은 따로따로 오지 않는다. 성과, 관계, 맥락, 감정이라는 네 가지 과제가 동시에 밀려온다. 그래서 더 잘해내고 있음에도, 더 많이 버텨내고 있음에도, 유난히 더 힘들게 느껴지는 것이다.

코칭이 넘쳐나는 시대, 왜 '하이엔드 코칭'인가?

월요일 아침, 한 여성 과장의 하루를 들여다보자.

오전 9시, 팀 회의! "이번 프로젝트 성과 좋았어요. 그런 좀 더 임팩트 있게 정리하면 좋겠어요." 성과를 냈는데 '임팩트가 약하다'는 피드백을 받는다. 대체 '뭘' 더 '어떻게' 하란 말인가?

　오전 11시, 동료와의 갈등! "김 과장님, 이번 건 제 의견은 안 물어보시고 그냥 진행하신 거예요?" 후배가 서운하다는 표정이다. 빨리 처리하려고 했던 건데, 배려가 부족했나?

　오후 2시, 상사의 압박! "팀 성과는 괜찮은데, 좀 더 강하게 밀어붙여도 될 것 같아요." 팀 운영은 안정적인데, '더 강하게 밀어붙이라'는 평가가 붙는다. 강하게 하면 너무 세다고 하고, 부드럽게 하면 약하다고 말한다. 도대체 어떻게 하란 말인가?

　오후 5시, 회식 공지! "이번 주 금요일 회식인데, 김 과장도 오죠?" 아이 돌봐줄 사람이 없는데. 하지만 거절하면 '팀워크가 부족하다'는 소리를 듣는다.

　밤 10시, 집에서! 노트북을 열고 내일 보고서를 마저 쓴다. 아이는 이미 잠들었다. 오늘도 제대로 못 놀아줬다.

　이 상황에서 챗GPT가 준 조언은 이렇다. "자신감을 가지세요." "단호하게 말하세요." "성과를 더 내세요." "워라밸을 지키세요." 좋은 말이다. 하지만 현실에서는 작동하지 않는다. 왜냐하면 조직은 한 문장으로 움직이지 않기 때문이다. 그래서 코칭을 '조언'이 아니라 '운영 기술'로 다시 정의하고자 한다. 하이엔드 코칭은 코칭의 재정의에서 출발한다. 코칭이 필요 없다는 말이 아니다. 오히려 코칭이 더 절실한 시대다. 하지만 코칭의 방식이 반드시 달라져야 한다는 뜻이다. '더 열심히 해라'가 아니라 '무엇을 유지하고, 무엇을 조정하고, 무엇을 포기할지'를 설계하는 것. '자신감을 가져라'가 아니라 '내가 가진 자원으로 실제로 가능한 선택지는 무엇인가'를 찾는 것. 이것이 하이엔드 코칭이다.

| 하이엔드 코칭의 의미

코칭은 흔히 '코치의 좋은 질문을 통해 스스로 답을 찾고 실행을 돕는 과정'으로 이해한다. 물론 맞는 설명이다. 그러나 그것만으로는 코칭의 깊이를 충분히 담아내기 어려운 경우가 있다. 코칭의 구조 안에는 이미 더 정교하게 설계된 고급 기술 체계가 존재한다. 나는 그것을 '하이엔드 코칭 기술'이라고 부르고자 한다. 흔히 '하이엔드(High-End)'라고 하면 '비싸다'는 이미지를 떠올린다. 하지만 하이엔드 코칭에서는 '정교하다'는 의미에 집중한다. 하이엔드 코칭(High-End Coaching)이란 복잡한 현실(성과, 관계, 맥락, 감정)을 한 요소로 단순화하지 않고 동시에 작동하는 변수들을 정교하게 읽어내어 개인과 조직의 목표를 '지속 가능한 성과'로 연결하도록 돕는 정교한 성장 코칭 방식이다. 화려한 말이 아니라 현실을 다루는 정확도, 한 번의 각성이 아니라 행동과 성과로 이어지는 설계, 불꽃같은 감정이 아니라 반복 가능한 구조 같은 것 말이다. 그래서 하이엔드 코칭은 좋은 선택이 가능해지는 정교한 구조를 만들어 준다. 그렇다면 일반 조언과 하이엔드 코칭의 차이는 무엇일까? 예를 들어 이런 상황이 있다고 해보자.

팀 성과는 좋은데 상사가 "더 강하게 밀어붙이세요."라고 피드백했다. 여기서 일반 조언의 접근이라면 "자신감을 가지세요. 당신은 충분히 잘하고 있어요."라고 말하지만, 하이엔드 코칭에서는 "상사가 '강하게'라고 말하는 것은 구체적으로 무엇을 의미할까요? 성과의 속도? 팀원 관리 스타일? 아니면 의사결정 방식일까요? 먼저 상사의 기준을 파악하고, 당신이 이미 하고 있는 것 중 어떤 부분을 '보이게' 만들 것인지를 설계해야 합니다. 그리고 그것이 당신의 리더십 스타일과 충돌하지 않는지도 함께 점검해야 하죠."라고 조언한다. 일반 조언은 감정을 다독이지만, 하이엔드 코칭은 상대에게 꼭 필요한 구조를 설계해 준다.

| 하이엔드 코칭이 다루는 문제

일반적인 조언은 문제를 단순화하거나 함축적으로 전달할 수밖에 없다. 예를 들어 "더 자신감을 가지세요.", "단호하게 말하세요.", "성과를 더 내세요." 같이 말이다. 하지만 하이엔드 코칭은 모든 문제를 현실에서 바로 적용할 수 있도록 한다. 그렇다면 여기서 말하는 현실에서 적용할 수 있는 것이란 무엇일까? 예를 들어 이런 장면들이다.

상황 1 성과는 냈는데 '임팩트가 약하다'는 피드백을 받았다.

성과가 부족한 것이 아니라 성과를 '보이게' 만드는 방식이 부족한 것일 가능성이 크다. 그렇다면 기존 방식은 어떻게 했으며 앞으로 누구에게, 무엇을 어떤 방식으로 보여야 하는가? 이것은 성과 문제가 아니라 관계와 맥락 문제로 코칭 질문을 이끌어가는 것이 좋다.

상황 2 내가 말하면 '감성적'이고 남이 말하면 '전략적'이 되는 경우가 자주 발생한다.

말하는 능력이 부족한 것이 아니라 조직 내 보이지 않는 편향이 작동할 수 있다. 이럴 경우 이 편향을 정면으로 맞설 것인가, 우회할 것인가, 아니면 다른 무기를 만들 것인가에 대해 성찰을 해볼 필요가 있다. 이것은 커뮤니케이션 문제가 아니라 맥락과 전략 문제일 가능성이 크기 때문이다.

상황 3 팀 운영은 안정적인데 '더 강하게 밀어붙여라'는 평가를 듣는다.

나의 리더십 스타일이 약한 것이 아니라 상사의 기준과 내 스타일의 정렬이 되지 않은 경우가 많다. 그렇다면 상사가 원하는 '강하게'의 정의는 무엇일지, 그것을 내 방식으로 할 수 있는 것인지 찾아본다. 이것은 리더십 문제가 아니라 관계와 맥락 문제일 수 있다.

상황 4 회식, 네트워크, 돌봄, 자기관리까지. 하루가 레이어로 겹친다.

시간이 부족해서가 아닌 우선순위가 설계되지 않았기 때문일 수 있다. 무엇을 유지하고, 무엇을 조정하며, 무엇을 내려놓을지 결정하지 못하면 하루는 복잡해지고 에너지는 분산된다. 따라서 이 상황의 핵심은 시간관리 문제가 아니라 의사결정의 문제다. 지금 필요한 것은 '더 하라'는 동기부여가 아니라, 선택의 기

준을 정교하게 세우는 일이다. 무엇을 남기고 무엇을
포기할지 명확해질 때 하루의 구조도 함께 정리된다.

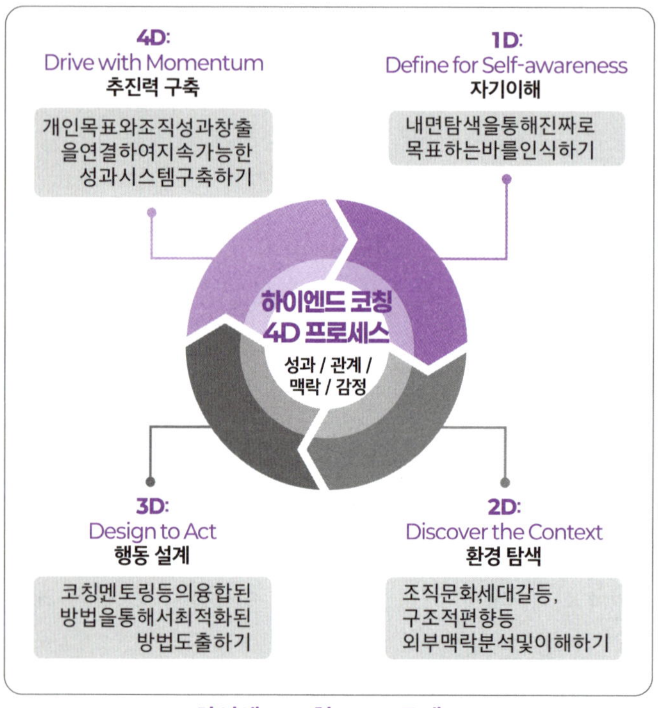

하이엔드 코칭 4D 프로세스

하이엔드 코칭 4D 프로세스는 순차적 단계가
아니라 동시에 운영되는 시스템(Simultaneous Operating
System)이다. 성과, 관계, 맥락, 감정이라는 4개의 축을
분리하지 않고 하나의 통합된 렌즈로 현실을 진단하고

운영하는 방식이다. 개인의 목표(Goal)를 출발점으로 현실(Reality)을 객관적으로 진단하고 맥락(Context)과 관계, 감정까지 포함해 실행전략을 설계하며 성과가 지속되도록 작동하는 커리어, 일, 관계의 통합 설계 모델이다. 하이엔드 코칭 4D 프로세스의 3가지 핵심원리는 다음과 같다.

① 분리가 아닌 통합 (Integration, not Separation)이다. 성과만 높이면 관계가 무너진다. 반대로 관계만 챙기면 성과가 약해진다. 4D는 이 4가지를 동시에 작동시키는 운영 시스템이다.

② 일회성이 아닌 순환 (Circular, not Linear)이다. 1D → 2D → 3D → 4D로 끝나는 것이 아니다. 4D 실행 후 다시 1D로 돌아가 기준을 점검해야 한다. 또한 조직과 개인의 상황이 바뀌면 4D도 계속 업데이트되는 구조이다.

③ 감각이 아닌 진단 (Diagnostic, not Intuitive)이다. 직관이나 감각이 아닌 체크리스트로 진단이 가능하며 그것을 구조적으로 운영한다. 그래서 모든 D는 코칭 질문으로 측정되고 개선된다.

일반 코칭 범주 내에 포함된 하이엔드 코칭은 코칭의 본질 위에 잘 덧입힌 고도화되고 정교한 코칭 기술이다. 같은 코칭이라도 어떻게 설계하고, 어떻게 구조화하며, 어떻게 실행으로 연결하느냐에 따라 결과의 깊이는 완전히 달라진다. 이 기술의 핵심은 단순히 하나의 해법을 찾는 방식이 아니라는 데 있다. 한 가지 문제만을 파고들거나 일시적 통찰에 머무르지 않는다. 성과, 관계, 맥락, 감정이라는 네 가지 축을 동시에 운용하며 각각의 요소가 서로 영향을 주고받는 구조를 함께 다룬다. 그래서 직선이 아닌 '순환적 시스템'으로 작동한다. 질문은 통찰을 만들고, 통찰은 행동을 설계하며, 행동은 다시 사고와 감정을 재구성한다.

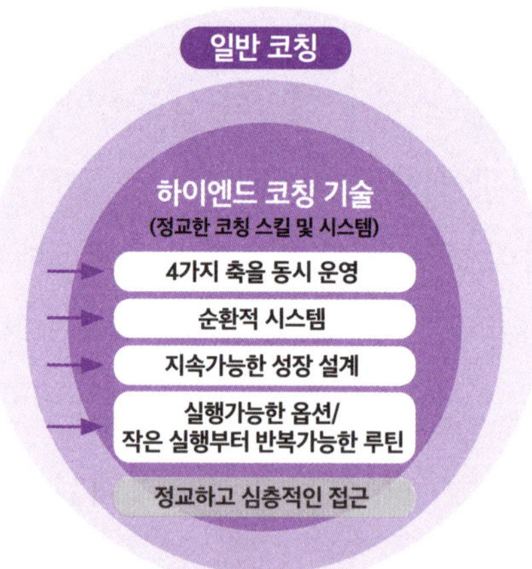

하이엔드 코칭기술의 특장점

구분	하이엔드 코칭	일반 코칭
접근	4가지 축을 동시 운영	매 회기 한 가지 문제에 집중
방식	순환적 시스템	순차적 단계 성장
목표	지속가능한 성장 설계	문제 해결, 깊은 성찰
결과물	실행가능한 옵션, 작은 실행부터	실행을 위한 통찰, 실행에 도움
지속성	반복 가능한 루틴	일회성 변화, 지속적 관리 필요

또한 하이엔드 코칭은 깊은 성찰에서 멈추지 않는다. 실행 가능한 옵션을 도출하고 그중 가장 작고 구체적인 행동부터 시작하도록 돕는다. 결국 목표는 문제 해결 그 자체만 있는 것이 아니라 지속가능한 성장 구조를 스스로 설계하는 것에 있다. 많은 사람이 통찰을 얻고도 변하지 못하는 이유는 성찰이 구조로 설계되지 않기 때문이다. 하이엔드 코칭 기술이 지향하는 것은 단순하다. 코칭을 '대화의 기술'이 아니라 '성장의 설계 기술'로 끌어올리는 것. 정교하고 심층적인 접근을 통해 한 번의 깨달음이 아니라 반복 가능한 변화를 만들어내는 것이다.

W(Will), 하이엔드 코칭을 어떻게 실천할까?

하이엔드 코칭에서는 유형에 맞는 질문과 답이 있다. 아래 내용을 참고하여 나는 어떤 유형인지 알아보고 질문과 답을 찾아보자. 단, 누구나 여러 유형을 가지고 있을 수 있으니 편하게 접근해보자.

1) 성과 정체형

아래와 같은 말을 자주 듣는다면, 당신은 성과 정체형일 가능성이 크다.

"일은 잘하는데, 좀 더 임팩트 있게 어필했으면 좋겠어요.", "성과는 있는데, 눈에 잘 띄지 않네요.", "프로젝트는 잘 끝났는데, 좀 아쉬워요."

성과 정체형의 특징은 명확하게 드러난다. 성과를 꾸준히 내고 있고 야근도 마다하지 않는다. 또한 프로젝트도 책임감 있게 마무리한다. 하지만 승진 명단에는 이름이 없다. 주위에서 "임팩트가 약하다." "눈에 띄지 않는다."라는 피드백을 자주 받는다. 평소 일은 많은데 기회는 잘 안 오지 않는다. 왜냐하면 성과 정체형은 능력이 부족해서가 아니라 잘하는 것보다 '성과를 잘 남기는 것'이 부족하기 때문이다.

☑✎ **POINT**

성과 정체형이
스스로에게 던져야 할 10가지 질문과 성찰

이 질문들은 한 번에 다 답할 필요는 없다. 매달 하나씩 노트에 적어보는 것이 필요하다. 그것만으로도 당신의 성과는 달라지기 시작한다.

① 내가 이번 분기에 만든 성과 중에 '내 이름으로 남아야 할 성과'는 무엇인가?

모든 성과가 다 중요한 것은 아니다. 조직에서 기억되어야 할 성과, 다음 기회로 연결되어야 할 성과를 구분하는 것이 필요하다. 지금 당장 노트에 1개만 적어보자.

② 지금 내가 가장 많은 시간을 쓰는 일은 조직에서 성

과로 인정되는 일인가, 유지할 업무인가?

유지 업무는 꼭 필요하지만, 승진을 만들어주지 않는다. 당신이 업무 시간 중 몇 시간을 '인정받는 성과'를 만드는 데 쓰고 있는지 체크해보는 것이 필요하다.

③ 내 성과를 누가 알고 있어야 다음 기회로 연결되는가?

상사만 아는 성과는 상사의 성과가 된다. 임원도 알아야 할까? 타부서도 알아야 할까? 지금 당장 '알아야 할 사람 3명'을 적어보자.

④ 성과를 냈을 때 '임팩트가 약하다'는 말을 듣는 이유는 내용, 형식, 타이밍 중 무엇인가?

내용은 좋은데 PPT가 엉망이었나? 타이밍이 안 맞았나? 보고 방식이 문제였나? 구체적으로 진단해 보자.

⑤ 내 성과를 1페이지로 요약한다면 결론 문장은 무엇이 되어야 하는가?

'열심히 했습니다'는 결론이 아니다. '고객 만족도 15% 상승, 핵심 요인 3가지'처럼 숫자와 근거가 있는 문장을 만드는 것이 반드시 필요하다.

⑥ 나는 성과를 보이게 만드는 행동을 얼마나 의도적으로 하고 있는가?

성과 요약본을 만드는가? 사내 뉴스레터에 기고하는가? 타부서 회의에서 공유하는가? 0~10점으로 점수를 매겨

⑦ 지금 내 성과가 팀 성과에 묻혀 사라지는 지점은 어디인가?

'팀이 잘했습니다'로 보고가 끝나면 당신의 기여는 보이지 않는다. 어디서 묻히는지 찾아보자.

⑧ 상사가 중요하게 여기는 성과 기준(속도, 리스크, 완성도 등)은 무엇인가?

어떤 상사는 속도를 중요하게 여기고, 어떤 상사는 완성도를 중요하게 여긴다. 당신의 상사는 무엇을 원하는지 파악하자.

⑨ '늦더라도 완성도 높은 성과' vs '다소 부족해도 빠른 성과' 중 조직은 무엇을 더 원하는가?

완벽주의는 때로 독이 된다. 당신의 조직에서 정의하는 완성의 의미를 알아보자.

⑩ 성과를 더 늘리기보다 성과를 기회로 연결하기 위해 내가 바뀌어 할 1가지는 무엇인가?

더 열심히가 아니라 더 전략적으로, 지금 당장 바꿀 수 있는 1가지를 적어보자.

위의 10가지 질문은 한 번에 다 답하는 것보다 매달 1개씩, 15분만 투자해서 그 답을 작성해보고 깊게

생각해보는 것이 필요하다. 예를 들어

이렇게 3개월 동안 실행해 나가면 당신의 성과는 놀라울 정도로 완전히 다른 방식으로 작동하는 것을 확인할 수 있다.

2) 관계 과부하형

"내가 안 하면 누가 하지?", "팀원들 사이에서 중간에 낀 것 같아.", "좋은 리더라는 말은 듣는데 나는 왜 이렇게 지칠까?"

관계 과부하형의 특징은 팀원, 상사, 동료 사이에서 항상 완충 역할을 한다. 좋은 리더나 편한 상사라는 말은 듣지만, 에너지가 자주 고갈된다. 갈등을 피하다가 일이 늘어나기도 한다. 또한 회의에서 아무도 안 하는 역할을 내가 떠맡기도 한다. 관계를 지키려다가 나를 잃어버리기 때문이다.

관계 과부하형이
스스로에게 던져야 할 10가지 질문과 성찰

① 지금 내가 과하게 책임지고 있는 관계는 누구와의 관계인가?

팀원, 상사, 동료 중 구체적으로 누구인가? 그 사람과의 관계에서 당신이 져야 할 책임의 비율은 몇 퍼센트인가?

② 내가 도와주고 있다고 느끼는 순간, 상대는 그것을 의무로 받아들이고 있지는 않는가?

도움이 습관이 되면 상대는 그것을 당연하게 받아들인다.

③ 관계를 지키려다가 성과가 손해 보는 지점은 어디인가?

팀원의 실수를 내가 수습하느라 내 일을 못 끝낸 적이 있는가? 아니면 관계 때문에 포기한 성과가 있는가?

④ 지금 이 관계에서 내가 반드시 지켜야 할 경계선은 무엇인가?

"여기까지는 도와줄 수 있지만, 이 다음부터는 당신이 해야 합니다."라는 선이 있는가?

⑤ 갈등을 피하는 것이 정말 관계를 지키는 선택인지,

문제 해결을 미루는 선택인지 구분하는 기준은 무엇인가?

갈등을 피한 후 관계가 나아졌는가, 아니면 문제가 쌓이고 있는지 체크해 보자.

⑥ 팀원에게 해주고 있는 일 중에서 코칭이 아니라 대행이 되어 버린 부분은 무엇인가?

이렇게 하면 된다고 가르치는 게 아니라 그냥 내가 해주고 있지는 않은지 점검해 보자.

⑦ 상사의 요구를 그대로 전달하는 '메신저 역할'을 언제까지 해야 하는가?

상사와 팀원 사이에서 전달자 역할만 하고 있지는 않은지 생각해보자.

⑧ 유지해야 할 관계와 정리해야 할 관계의 기준은 무엇인가?

모든 관계를 다 지킬 필요는 없다. 어떤 관계는 과감하게 정리해야 한다. 당신만의 기준을 분명하게 하는 것이 좋다.

⑨ '좋은 사람'이라는 이미지 대신 '잘 돕는 리더'로 인식되기 위해 바꿔야 할 문장은 무엇인가?

무조건 괜찮다고 말하지 말고 명확하게 나의 생각을 표현해 보자.

사실 관계 과부하형은 즉시 행동하기 어려운 편이다. 왜냐하면 말하면 관계가 깨질까 봐 두렵기 때문이다. 그래서 이렇게 시작해보면 좋다.

1단계: ①~④까지는 내가 과하게 책임지고 있는 관계를 진단하는 질문이다.
2단계: ⑤~⑦까지는 경계선을 설계하는 질문이다.
3단계: ⑧~⑩까지는 유지할 관계와 정리할 관계를 구분하는 질문이다.

한 달에 하나씩만 바꿔도 3개월 후 당신의 에너지는 많이 회복되어 있음을 확인할 수 있다.

3) 맥락 미스형

이러한 일이 자주 일어난다면 당신은 맥락 미스형일 가능성이 높다.

"왜 이게 안 되지? 분명 좋은 아이디어인데.", "말은 맞는데, 반응이 차갑네." "또 튕겼어. 내가 뭘 잘못했지?"

맥락 미스형의 특징은 '왜 이게 안될까?'라는 생각이 잦다. 맞게 대답하는데 반응이 차갑다. 또한 조직의 보이지 않는 규칙에 자주 걸리곤 한다. 회의에서 제안했는데 묻혀 버리고, 나중에 다른 사람이 비슷한 말을 하면 채택되곤 한다. 실력이 부족해서가 아니라 판을 읽지 못해서다.

맥락 미스형이
스스로에게 던져야 할 10가지 질문과 성찰

① 우리 조직에서 공식적으로 말하는 평가 기준과 실제 작동하는 기준의 차이는 무엇인가?

회사는 '성과 중심'이라고 말하지만, 실제로는 '관계 중심'일 수 있다. 당신 조직의 진짜 기준은 무엇인지 잘 생각해보자.

② 최근 승진하거나 기회를 얻은 사람들의 공통 패턴은 무엇인가?

그들은 무엇을 했는지, 누구와 가까웠고, 어떤 프로젝트를 했는지 패턴을 찾아보자.

③ 우리 팀 회의에서 영향력이 발생하는 순간은 언제

이며, 그 순간에 나는 주로 무엇을 했는가?

회의 초, 중, 후반 중 언제 영향력이 발생하는지, 나는 항상 어떤 발언을 하고 있었는지 들여다보자.

④ 내가 제안한 아이디어가 묻힌 이유는 내용, 타이밍, 사람 중 무엇이었는가?

내용이 나빴는지, 타이밍이 안 맞았는지 구체적으로 진단해보자.

⑤ 이 조직에서 전략적으로 보이는 말과 행동의 특징은 무엇인가?

제안을 말하는 방식으로 되도록 구체적인 숫자나 근거를 가지고 말하는 것이 바람직하다.

⑥ 내가 말할 때 '감성적'으로 들린다면, 지금 나는 어떤 언어를 쓰고 있는가?

"저는 이렇게 느껴요." 대신 "데이터를 보면 이렇습니다."로 바꿔 말해보자.

⑦ 지금 이 환경에서 내가 확보해야 할 핵심 스폰서 또는 이해관계자는 누구인가?

승진은 상사만 결정하지 않는다. 누구의 지지가 필요할까 생각해보자.

⑧ 내가 잘하는 방식이 우리 조직의 문화와 충돌하는

지점은 어디인가?

당신은 빠르게 일하는데 조직은 신중함을 원한다면? 충돌 지점을 찾아보자.

⑨ 우리 조직에서 계속 성장하려면 내가 반드시 가져야 할 포지션은 무엇인가?

'OOO 전문가' 'OOO 프로젝트 리더' 등 명확한 포지션이 있는지 생각해보자.

⑩ 지금 나의 포지션이 불리하다면 남아서 싸울지, 이동할지, 판을 바꿀지 판단하는 기준은 무엇인가?

모든 상황에서 이길 필요는 없다. 때로는 판을 바꿔야 한다.

맥락 미스형은 분석부터 다시 점검할 필요가 있다.

1단계: ①~③까지는 이 조직의 진짜 규칙을 파악하는 질문이다.
2단계: ④~⑥까지는 내가 튕기는 이유를 진단해보는 질문이다.
3단계: ⑦~⑩까지는 판을 읽고 대응하는 전략을 세우는 질문이다.

3개월 후, 당신은 '왜 이게 안 되지?'가 아니라 '아하! 이렇게 하면 되겠구나.'를 알고 실행할 수 있게 될 것이다.

4) 감정 소진형

만약에 아래와 같은 상태가 자주 온다면 당신은 감정 소진형일 가능성이 크다.

"그냥 다 그만두고 싶어.", "아침에 일어나기가 너무 힘들어.", "피드백을 들으면 며칠 동안 잠을 못 자."

감정 소진형의 두드러진 특징은 성과와 관계 모두 유지하려다 탈진하는 것이다. 또한 피드백에 과도하게 상처받는다. 심지어 그만두고 싶다는 생각이 반복된다. 회사에서는 프로페셔널하게 행동하지만, 집에 오면 에너지가 바닥이 되곤 한다. 감정을 참는 것이 프로페셔널이라고 믿기 때문이다. 따라서 감정 소진형은 당장 쉬는 것이 바람직하지만, 쉬기 전에 다음 질문들로 간단한 점검을 하는 것이 필요하다. 2주만 투자해도 무너지지 않는 회복 방법을 알게 된다.

감정 소진형이
스스로에게 던져야 할 10가지 질문

① 최근 나를 가장 힘들게 한 감정은 무엇이며 그 감정이 말하는 진짜 욕구는 무엇인가?

분노, 슬픔, 불안 등 그 감정 뒤에 숨은 욕구는 무엇인지, 그리고 나의 진짜 욕구를 들여다보자.

② 이 감정은 사실에 근거한 것인가, 생각에 근거한 것인가?

지금 드는 감정이 사실인지 생각인지 구분해서 판단해 보자.

③ 지금 내가 스스로에게 요구하는 기준은 현실적인가, 아니면 과도한가?

과도하지 않은 현실적인 기준을 가져보자.

④ 피드백을 들었을 때, 그것이 업무 개선 정보인가, 감정적 상처인가?

'좀 더 전략적으로' 는 업무 개선 정보다. '나는 전략적이지 못한 사람이야' 는 감정적 상처다. 둘을 분리하는 것, 그것이 시작이다.

⑤ 번아웃의 신호가 처음 나타나는 지점은 어디인가?

아침에 일어나기 싫을 때, 회의가 두려울 때. 그 순간이 바로 신호다. 먼저 포착해야 대응할 수 있다.

⑥ 지금 내 에너지를 가장 많이 빼앗는 일은 무엇인가?

회의인가, 보고인가, 팀원 관리인가? 그것을 먼저 특정하자. 줄일 방법은 그다음이다.

⑦ '다 내려놓고 싶다'는 생각이 들 때 그만두고 싶은 것은 일인가, 방식인가, 관계인가?

일 자체가 싫은가, 일하는 방식이 싫은가, 아니면 사람이 싫은가? 먼저 구분해야 답이 보인다.

⑧ 나의 감정이 성과에 긍정적으로 작동했던 경험은 언제인가?

분노가 동기가 되었던 순간, 열정이 성과를 만들었던 순간을 떠올려보자.

⑨ 감정을 약점이 아니라 지속력을 만드는 자원으로 쓰려면, 나에게 필요한 구조는 무엇인가?

감정 일기인가, 코치인가, 멘토인가? 감정을 흘려보내는 것이 아니라 설계에 쓰는 것, 그것이 핵심이다.

⑩ 지금 이 시점에서 나 자신에게 반드시 해줘야 할 단 하나의 허용이 있다면, 그것은 무엇인가?

'실수해도 괜찮아', '쉬어도 괜찮아', '완벽하지 않아도 괜찮아'. 셋 중 하나를 오늘 자신에게 허용하자.

1단계: ①~③까지는 내 감정의 실체를 파악하는 질문을 해 본다.

2단계: ④~⑦까지는 에너지를 빼앗는 것을 진단하는 질문 이다.

3단계: ⑧~⑩까지는 감정을 엔진으로 쓰는 방법을 설계하 는 질문이다.

HIGH-END COACHING

3

성과, 내 이름으로

우리는 이미 충분히, 열심히 하고 있다. 부족해서 성과가 안 나는 것이 아니다. 게을러서 여기에 있는 것도 아니다. 모든 것이 나의 노력의 결과라고 말하는 것은 너무나 자본주의적인 생각이 아닐까 하는 생각도 든다. 책이나 영화에서 우리가 만나는 성공 스토리는 평범한 사람들이 따라하기에는 어려운 것들뿐이다. 새벽 4시에 기상해서 하루 18시간 일에 몰입하거나, 결정적인 한방의 프리젠테이션으로 분위기를 반전시키거나, 특별한 사람과의 만남으로 운명이 바뀌거나, 혹은 떡잎부터 남달랐던 사람들의 서사들 말이다. 특히 여성에게 더 잔인한 서사는 커리어부터 아이 양육, 성공, 외모, 성격까지 완벽해 보이는 것이다. 이런 것들은 대부분 과장되었거나 그것을 선택하면서 잃어버린 것들은 드러나지 않았을 가능성이 높다. 그것도 아니라면 평범한 사람들은 원래부터 따라할 수 없는 것들일 것이다.

하지만 나와 비슷한데 은근하게 차이가 날 때 자괴감이 든다. 같은 시대, 같은 조직, 비슷한 경력인데 누군가는 계속 다음 단계로 올라가고 누군가는 늘 '이번에도 아쉽다'는 말 앞에 서 있다. 능력 차이라고 말하기엔 너무 조용하고 은근하다. 사람들은 그것을 운이라고 부른다. 타이밍이 안 맞았다고, 상사가 별로였다고, 회사가 문제였다고 말한다. 물론 다 맞는 말이다. 하지만 그 말로는 끝까지 설명되지 않는 무언가가 남는다. 찜찜하다.

입사 3년 차가 되면 내가 하고 있는 일에 회의가 온다. 같은 회사에 다니고 있지만, 나는 재미가 없고 지친다. 그런데 옆에 동료는 뭔가 대단한 일을 하는 것 같고 재미있는 것 같다. 그러다 보니 평판도 다르다. 그 이유는 무엇일까? 아마도 일에 대한 개인들의 의미가 다르기 때문일 것이다. 그렇다면 의미가 왜 다른지, 우리는 자신만의 의미를 어떻게 찾아야 하는 지 생각해 볼 시점이다.

입사 7년차. 나름대로 열심히 일 했고, 이 분야의 전문가가 된 것 같기도 하다. 지금까지는 그럭저럭 왔는데 다음 단계를 위해서는 뭔가 한 방이 더 있어야 할 것 같다. 여성은 이제부터 더 어렵다는 말도 종종 들린다. 회사뿐만 아니라 업계에서도 존재감이 있어야 다음을 꿈꿔볼 수 있을 것 같다. 어떤 분야의 전문가로 브랜딩되고, 평판을 어떻게 만들 것인지, 뭔가 남들과는 다른 한 끗은 어디서 차이가 나는지를 살펴보자.

입사 10년차. 승진을 할 수록 사람관계, 사람 관리가 성과와 연결된다는 것은 알겠다. 그런데 사람이 제일 어렵다. 그래서 일보다 사람에 대해서는 더 '뇌피셜'이 많다. "직장내에서는 친구를 사귀지 마라", "사람은 키우는 게 아니다", "자기 사람이 있어야 한다." 등. 단기적으로 보면 사람에게 투자하는 것이 영리하지 못한 것처럼 보이기도 한다. 그러나 장기적으로는 사람 사이의 '신뢰' 관계를 구축하고 '인재를 육성'해야 하는 것이 가장 좋은 투자임이 분명하다. 멀리, 오래, 굵게 가려면 말이다.

결국 나답게 성과를 내는 법은 스스로 찾아야 한다. 정답은 없다. 다만, 미리 알았더라면 좋았을 것들은 있다. 여성으로 좌충우돌하면서 알게 된 것들이다.

당신 이름 앞에는
어떤 수식어가 붙는가?

인사철이 되면 회사 내에서 어느 팀에서나 데리고 가려는 과장급들이 있다. 내가 다니던 회사에 세 명의 과장이 있었다. 모두 그룹 신입공채로 똑똑한 신입들이었다. 8년쯤 지나서 그들이 과장이 되었다. A 과장은 경영관리팀에서 7년을 보냈다. 경영관리팀은 숫자를 만지면서 골머리를 써어야 하는 팀이기에 신입이나 대리들은 도망가고 싶어하는 팀이었다. 속칭 워라벨이 잘 안 되기 때문이다. A 과장은 그런 시간을 보내면서 '경영관리쟁이'라는 수식어가 붙었다. B 과장은 팀을 여기저기 옮겨 다녔다. 기획을 잘 하다 보니 인사철만 되면 인원이 부족한 팀의 기획업무 자리에 배치가 되었다. 그래서 B 과장은 자신의 커리어가 뒤죽박죽이라고 생각하고 고민을 많이 했다. 그런데 본인의 우려와는 상관없이 B 과장은 '기획통'으로 회사 내에서 포지셔닝 되었고, 인사철마다 팀장들이 데리고 가고 싶어했다. 이 둘과는 다르게 C 과장을 보면 '저 친구 어느 팀에 있었지?', '어떤 일을 했지?' 하는 생각이 들었다. 뭔가 명확하게 머리 속에 수식어가 선명하지 않았다.

이름 앞에 붙여지는 수식어는 '전략가이', '마케터', '관리쟁이', '기술통', '영업통' 등 대체적으로는 기능으로 이름이 붙는다. 또 다르게는 '속도가 필요할 때 찾게 되는 사람', '아이디어가 필요할 때 떠오르는 사람 '위기상황에 소환되는 소방수', '협상이 필요한 영업현장에서 꼭 필요한 사람' 등 특성으로 이름이 붙기도 한다. 중요한 것은 이름이 선명할수록 당신의 경력은 단단해진다. 그것이 퍼스널 브랜드이다. 퍼스널 브랜드를 위해서는 내가 진짜로 원하는 것이 무엇인지를 탐색하는 것이 필요하다. 그래야 오래할 수 있고, 그래야 잘 할 수 있기 때문이다.

| 내가 진짜로 원하는 일은 무엇인가?

'안녕하세요? 저는 □□ 다닙니다.', 'ㅇㅇ부 부장입니다.', '△△팀 팀장입니다.' 사회 초년생 일 때도, 책임자가 된 후로도 무슨 일을 하느냐 묻는 사람들의 같은 질문에 명함을 주고받으며 아무 생각 없이 나누던 인사말이었는데 퇴직이 다가오면서 '나는 무엇 때문에 이 일을 하게 되었는가?', '나는 내가 원했던 일을 한 걸까?'라는 의문이 생겼다. 직장, 직업, 일. 비슷해 보이지만, 본질적으로는 다르다는 생각이 들었다. 그렇다면 내가 선택한 것이 무엇이었을까? 이 답을 위해서 세 개의 사전적인 정의를 살펴보자.

직장(Workplace)은 일을 수행하는 물리적, 제도적 공간, 즉 '환경'의 개념이다.

직업(Occupation)은 경제 활동을 포함한 사회적 역할과 직책, 즉 '직분'의 개념이다.

일(Calling)은 세상에 기여하고자 하는 나의 의미와 이유, 즉 '소명'의 개념이다.

직장은 바뀔 수 있고, 직업도 시대에 따라 달라질 수 있다. 하지만 일(Calling)은, 내가 존재를 담아 실현하고 싶은 가치는 보다 뿌리 깊고 지속적이다. 심리학자 빅터 프랭클(Viktor Frankl)은 "삶의 의미를 찾은 사람은 어떤 상황에서도 방향을 잃지 않는다."라고 했다. 결국 직업이란 나의 사회적 역할을 표현하는 수단이며, 일이란 좀 더 근원적인 것으로, "무슨 일을 하세요?"라는 질문은 "당신의 목적지는 어디인가요?", "당신은 어떤 사람입니까?"라는 질문과 다르지 않다는 걸 깨닫게 되었다.

돈을 벌기 위해, 사람을 만나기 위해, 노래를 부르기 위해, 가르치기 위해, 돕기 위해, 글을 쓰기 위해 등 직업과 직장은 수없이 많지만, 그 모든 것의 근원에는 나만의 '무엇을 위해(what for)'가 있다. 그 이유를 찾지 못한 채 달리면 방향을 잃고 쉽게 지치며 장애물 앞에서 주저앉게 된다. 결국 일을 찾는다는 것은 '무엇을 할까' 보다 '왜 하는가'를 찾는 일이다.

나의 가치관을 탐색해 보는 것은 늘 필요하다. 곰곰이 생각하면 뭔가 연결되지 않을 것 같은 과거, 현재, 미래가 어떤 점에서 연결되는 공통점을 찾게 될 것이다. 그것이 바로 일, 즉 자신이 원하는 일일 가능성이 높다. 이것은 한 번에 발견되지는 않는다. 매일 조금씩 발견해보자.

| 혹시 지금 물의 온도가 99 °C는 아닐까?

자신이 원하는 일이 무엇인지를 탐색하는 시간이 필요하다는 것을 알았다면 이제는 자신 앞에 수식어가 왜 필요한지, 어떻게 붙여야 하는지에 대해서 살펴보자. 자신 앞에 붙은 수식어는 자신의 전문성을 나타내는 자산이다. '전략가이', '관리쟁이', '소방수', '영업통' 같은 수식어가 붙는다는 것은 자신의 전문성이 시장내에서 경쟁력을 지닌다는 의미다. 그렇다면 그 정도의 전문성은 어떻게 쌓을 수 있을까? 전문성이라는 것을 쌓는 방법은 개인적으로 다양할 수 있다. 그러나 절대적인 인풋이 있어야 함은 피할 수 없는 진리다. 요즘 워낙 학습 툴들이 발전하고 이전의 경험들이 의미가 없어졌다고는 하지만, 일에도 근육이 있다. 심지어 '전략가이'에서 '관리쟁이'로 직종을 바꾸어도 전문성이 조금 떨어지긴 하겠지만, 한번 전문성을 확보한 사람은 금방 다른 직종에서도 따라잡을 가능성이 높다. 물론 방향을 많이 전환하는 것은 신중할 필요가 있겠지만 말이다. 예를 들어 수학 공부를 잘 하는 사람이 국어 공부도 잘할 가능성이 높다. 적성에 좌우되기 이전에 공부하는 방법에 따라서 차이가 있을 가능성이 높다. 어떤 일이던 한번은 전문가 수준으로 인정받아보는 경험은 중요하다.

나는 과장 시절에 내 옆 자리에 있던 이 과장을 부러워했다. 비슷하게 기획업무를 했는데 그는 별로 노력하지 않아도 상사가 지시하는 내용들을 편하게 잘 해내는 것 같았다. 비슷한 업무를 지시받으면 나는 그보다 훨씬 많은 시간과 공을 들여도 그 만큼 해내지 못하는 것 같아서 열등감이 들기도 했었다. 그러면서 나의 재능을 탓하고, 환경을 탓했다. 어느 날 나는 그와 함께 저녁을 먹을 시간이 있었다. 그는 이전 직장에서 지금 하는 일과 비슷한 일을 하면서 힘든 상사 밑에서 고생했던 5년의 시간이 있었다. 그 상사는 업계에서 독사로 유명했다. 일하면서 많이 깨지기도 했지만, 많이 배울 수 있는 시간이었다고 했다. 그는 그 상사와 헤어지고 이직을 하고 나서 보니 이제는 어떤 일이 와도 무섭지 않았다고 했다. 일은 다 거기서 거기라는 것을 알게 되었다고 했다. 그런데 노력은 눈앞에 바로 나타나지 않는다. 시간차(time lag)가 발생한다.

물은 99 °C에서는 끓지 않는다. 전공을 바꾸어야 할 때도 있고, 직무를 바꾸어야 할 때도 있다. 그런데 그 이유가 물이 안 끓기 때문이라면 혹시 지금이 99°C는 아닌지 점검해봐야 한다. 조금만 더 있으면 물이 끓는 그 지점에서 멈추고 있는 것은 아닌지 말이다. 주변의 다양한 피드백도 들어보면서 종합적으로 살펴봐야 한다. 이 판단은 종합예술이기 때문에 혼란스러울 수 있다. 그런데 이 직무에서 성과가 나지 않는 것은 내 적성 때문인지, 1°C만큼의 '훈련의 부족'인 것인지를 입체적으로 봐야만 현명한 판단을 할 수 있을 것이다.

| 존재감을 드러내자

내가 근무하던 회사에 혜숙 과장과 민규 과장이 있었다. 둘 다 자신의 일에서 전문성이 있었고 일을 잘한다는 얘기를 꽤 들었다. 그런데 민규 과장은 팀장이 되었고, 혜숙과장은 팀장이 되지 못했다. 인사평가위원회에서 인사담당이 혜숙 과장을 "일은 잘하는 데 좀 약하다."라고 평가했다. 이게 무슨 근거 없는 평가인가? 그런데 이 모호한 평가에 대부분의 평가위원들이 동의했다. 이유가 무엇이었을까? 혜숙 과장은 혼자서 머리를 싸매며 일을 했고, 후배 직원들에게도 친절했다. 그러나 일을 가르치고 끌고 가는 부분에서 리더십을 보여주지 못했다. 또 일을 잘 하기는 했지만 일을 맡으면 자신감이 없는 모습을 보였다. 민규 과장은 혜숙 과장과 다르게 처음 마주하는 일에서도 도망가지 않는 태도를 보였다. 이 두 후배를 보면서 이 태도의 차이가 어디에서 비롯되는지 궁금했다. 결론적으로 나는 꿈의 차이라고 해석했다. 나의 가능성을 얼마나 믿느냐가

진급 결과에서 차이를 보인 것이다.

　능력이 있는데도 그에 맞는 직급에 올라가지 못하고 사회생활을 마친 많은 여성들이 공통적으로 하는 얘기들이 있다. "일에 대해서는 어느 누구보다 자신이 있었다. 심지어 열심히 했다. 그런데 더 높은 포지션에 올라가지 못한 이유는 자신이 더 높은 포지션을 꿈꾸지 않았기 때문이었다."라는 것이다. 즉, 자신감은 현재 내가 이루어 낸 성과에 대한 것에 머무르는 것이 아니라 나의 가능성에 대한 믿음이다. 적극적인 사람에게 기회가 주어진다. 나의 가능성에 자신 없어 하는 사람을 남이 알아서 챙겨 주지는 않는다.

　남성보다 여성들이 '가면증후군'을 조금 더 많은 비중으로 겪는다는 연구 결과들이 있다. 자신이 성취한 성과나 능력을 실제보다 과소평가하고, 주변에서 자신을 인정해주는 것을 '실수'나 '운'으로 돌리며, 언제든 자신이 무능한 사람으로 들통날까 두려워한다는 심리적 현상이다. 이런 현상이 여성들에게 많이 나타나는 이유는 사회문화적, 심리학적, 조직 구조적인 요인 등 다양한 원인이 있다. 그리고 여성이 자신감을 보이면 남성들보다 조금 더 '나댄다'고 부정적으로 평가받아왔을 가능성도 있다. 즉, 운신의 스펙트럼이 좁기 때문이기도 하다.

만약 '겸손하다'와 '나댄다' 중에서 선택해야 한다면 '나댄다'를 우선적으로 선택하는 것이 낫다. 존재감이 중요하기 때문이다. 그리고 그 존재감 위에서 겸손함을 어떻게 균형을 맞출지는 자신만의 방법을 찾아야 한다. 직접 부딪히면서 균형을 찾아갈 수밖에 없다. 시도하지 않으면 균형을 잡을 수 있는 감각 자체가 발달되지 않는다. 존재감 자체가 있어야 그 이름 앞에 수식어가 붙을 수 있다.

자신에 대한 평판은 한 회사에 있거나 이직을 하거나 상관없이 중요하다. 이직을 고려하고 있다면 현재 직장내에서의 퍼스널 브랜딩과 평판은 더욱 중요하다. 레퍼런스 체크는 지금 현재 직장에 있는 사람들이 한다. 뿐만 아니라 현재 직장과 이직할 직장을 경쟁시켜야 시장에서의 나의 몸값을 올릴 수 있다. 더 나아가 같이 일했던 상사가 이직을 하고 나를 부르는 경우도 많다. 지금 같이 일하는 사람이 향후에 나의 외부 네트워크로 전환되는 것이다.

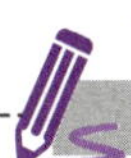

실천을 위한 한 마디

회사가 준 명함보다 더 오래가고 가치 있는, 당신 이름 앞에 붙은 진짜 수식어를 가지세요.

엣지 있는 실력,
남다른 한끗

"열심히 하겠습니다." 새로운 프로젝트를 맡은 날 의례적으로 이렇게 마무리를 하고 회의실을 나서려는 순간 상무님이 "열심히 하는 거 필요 없다. 잘 하는 게 중요하다."라고 말을 하셨다. 순간 짜증이 확 올라왔다. '의례적인 인사에 저렇게까지 까칠하게 답하실 필요가 있나?' 그런데 다음과 같은 질문이 꼬리를 물었다. '열심히 하는 것과 잘하는 것의 차이는 뭐지?' '잘한다는 기준이 뭐지?' '상무님과 나는 잘 한다는 기준이 같을까?' '잘 하려면 무엇을 해야지?'

중요한 일이라면 기준을 명확하게 가르쳐수어야 하는 것이 맞지만, 누구도 당신에게 친절하게 알려주지 않는다. 만약 당신이 그 기준에 미치지 못하면 '그걸 굳이 말로 해야 하나?'라는 피드백이 돌아올 가능성이 높다. 일을 시작하기 전에 목표와 기준을 파악하는 것에 많은 비중을 할애해야 한다. 특히 직급이 높을 수록 이 비중을 더 높여야 한다.

| 목표를 알고 헤매자

팀장들이 팀원들과 원온원 미팅이나 성과면담을 하고 나면 가슴이 답답한 경우들이 있었다. 나는 그 팀원을 C급으로 평가하는데, 그는 스스로를 A급이라고 주장한다. 그러면서 발전적 피드백 자체를 거부한다. 팀원의 모습을 보면서 '혹시 나의 상사도 나에게 대놓고 말씀은 안 하지만, 나와 팀원과의 비슷한 간극을 느끼시는 건 아닐까?' 하는 의심이 들 때도 있었다. 사람이니까 자신에게 관대한 경향이 나타날 수 있고, 또 나의 입장을 구구절절 이해시킬 수도 없으니까 간극이 생기는 것은 당연하다고 생각할 수 있다. 여러 이유들이 있을 수 있지만, 좀 더 근원적으로는 '평가의 기준'에 대해서 짚어볼 필요가 있다.

임원시절, 팀장이 면담을 요청해왔다. 자신은 새로운 트렌드를 파악해서 이를 현장에 적용해서 성과를 내는 것 까지는 잘 할 수 있지만, 이를 팀원들에게 가르치고 이걸 활용해서 시스템화하는 것은 못하겠다는 것이다. 자기 적성이 아닌 것 같다고 했다. 따라서 이 부분은 태스크포스팀을 꾸려서 다른 사람이 맡아주었으면 좋겠다는 요청이었다. 그 순간 내 머리 속에는 이런 생각이 스쳐 지나갔다. '저 사람은 임원 후보가 되기 어렵겠네'였다.

엣지 있는 실력과 남다른 한 끗을 통해서 지속적인 성과를 내기 위해서는 역량에 대한 레벨별 목표를 정확히 아는 것이 필요하다. 역량은 눈에 보이는 스킬로, 지식은 눈에 보이지 않는 태도와 가치, 더 근간에는 특징과 동기로 구성되어 있다. 그래서 단기간에 변하기 어렵다. 하지만 의식적인 훈련을 통해서 레벨업은 가능하다. 우선 목표를 알고 있어야 한다.

역량(Competency)이라는 개념은 하버드 대학의 맥클리랜드(McClelland)교수가 전문지식보다는 직무의 핵심적 성공요소와 관련된 구체적인 직무수행 능력을 강조하면서 사용되기 시작했다. 역량은 업무 수행 시 고성과자가 안정적으로 발휘하는 구체적인 행동의 특성이다. 특히 사람을 채용할 때나 성과 평가를 할 때 역량 기준으로 평가하곤 한다. 예를 들어 회사에서 경력직 마케터를 선발한다고 하자. 전문성에서 레벨 3정도 되는 사람을 채용하겠다는 목표가 있다는 의미다. 시스템을 어느 정도 갖춘 회사라면 이런 역량에 대한 목표 합의가 어느 정도 되어 있다. 그리고 회사의 비전, 미션, 핵심역량 체계에 맞추어서 더 세부적으로 구분해 놓기도 한다.

여기서 중요한 것은 역량 레벨과 다양성을 혼돈해서는 안 된다. 어떤 것은 잘하고 어떤 것은 못하기 때문에 내가 선호하는 직종이나 업무 방식이 있을 수는 있지만, 이 개인적인 특성과 레벨에 대한 평가는 다른 이야기이다. 일을 하다 보면 헤맬 수밖에 없다. 또 헤매는 과정은 자신만의 방법을 찾게 해주고, 새로운 길도 발견하게 한다. 헤매는 것은 충분히 좋으나 목표를 알고 헤매야 한다.

핵심역량별 행동지표(Behavioral Indicators) 매트릭스

	역량 수준	전문성	커뮤니케이션	리더십	문제해결
레벨5 탁월	패러다임 전환	분야의 최고 전문가로서 혁신과 발전 주도	조직 전체 커뮤니케이션 문화를 주도하고 모델링	조직 전체의 비전과 전략을 수립하고 변화 주도	조직 차원의 문제 해결 주도
레벨4 전문	창조적	조직내 전문가로서 조언, 컨설팅 제공	설득력 있는 메시지를 만들어 영향력 있게 전달	부서, 조직의 방향을 제시하고, 구성원의 동기 유발	복합적인 문제를 체계적으로 해결
레벨3 숙련	능동적	경험을 토대로 효율적인 방법을 개발하고 개선	이해 관계자와 효과적으로 조율하며 갈등 관리	팀 단위로 목표를 설정하고 구성원의 역할 조정	원인을 분석하고 개선안 제안
레벨2 실무	통상적	직무 관련 지식과 기술을 활용해 독립 수행 가능	명확하게 의견을 전달하고 타인 의견 경청	자신의 업무를 계획, 관리하고 타인에게 도움을 요청 할 수 있음	주어진 지침에 따라 문제 해결
레벨1 기초	수동적	기본 지식과 절차를 학습하고 지시에 따라 수행	기본적인 의사 표현이 가능하며 지시를 이해	본인의 업무 목표를 이해 하고 상사의 지시에 따라 수행	단순 문제를 인식하고 보고

팀장 시절, 회사가 셋업 단계여서 그룹 지주사에 회사 중장기 보고를 수시로 하던 시기가 있었다. 지주사와 방향성을 조율하느라 몇 달을 이리 고치고 저리 고치면서 나를 포함한 헤드쿼터 주요 팀장들은 지쳐 있었다. 우여곡절 끝에 보고가 마무리되었고, 다른 업무들을 챙기고 있었는데 상사가 두 달 후를 목표로 전략 보고서를 새롭게 써보자고 하셨다. 심지어 전후 사정 설명도 없이 그냥 나에게 통보하셨다. 이제 막 큰 일이 끝났는데 무슨 날벼락인가. 나는 무언의 반항을 했다. 한 달 동안 보고서를 쓰지도 않았고, 물어보지도 않았다. 데드라인이 다가오니 나는 마음이 급해져 상사의 집무실로 찾아갔다.

"상무님, 전략 보고는 다 끝났는데 다시 쓰자고 하는 보고서의 목적에 대해서는 왜 말씀 안 해주십니까?"

"우리 회사의 M&A 방향을 회장에게 설득하기 위해서인데, 이걸 여기저기 떠들고 다닐 수는 없지 않겠나, 그러면 소문만 나고 일은 성사 안되지."

"아, 상무님. 아니 그렇게 중요한 거면 한 달이 지나도록 아무 말씀을 안 하십니까?"

"때가 되면 자네가 할 거라고 생각하고 기다렸네."

나는 그 날로 다시 골방 회의실에 박혀서 전략보고서를 작성하기 시작했다.

이 일을 계기로 나의 업무를 보는 범위에 대해서 다시 생각하게 되었다. 수평적 커뮤니케이션, 투명한 커뮤니케이션은 물론 중요하다. 하지만 상사들의 고민은 가늠하기 어려울 때가 종종 있다. 그래서 공식적으로 말하는 것 이상을 봐야 할 때가 있다. 일에서 성공하고 싶다면 나에게 주어진 포지션의 한 두 단계 이상의 시각에서 일을 해야 한다. 대리라면 팀장이나 부문장의 시야에서, 팀장이라면 임원이나 대표이사의 시야에서 일을 바라봐야 한다. 그러기 위해서는 그 분들과 커뮤니케이션을 할 수 있는 시간을 확보하는 것이 필수다. 회의 같은 공식적인 자리뿐만 아니라 점심시간이나 티타임과 같은 비공식적인 자리도 필요하다. 말 이면에 있는 맥락을 읽기 위해서는 그 사람의 미묘한 에너지의 변화, 커뮤니케이션의 패턴, 자주 언급하는 단어나 사례들을 통해 고민의 방향성을 짐작하는 등의 과정이 필요하다. 이런 과정들은 자주 접촉해야 알 수 있는 단서들이다. 여성들은 대체적으로 감각적으로 잘 읽어내는 편이기는 하지만, 단서들의 얻는 시간들이 있어야 그것도 가능하다. 어렵더라도 의도적으로 만들어야 한다.

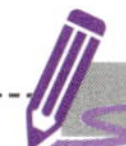

실천을 위한 한 마디

당신의 노력을 엣지 있는 성과로 만들려면, 관점 전환과 확장이 필요합니다. 주어진 '목표'를 달성하는 것에 넘어 '전략적 목적'까지 시선을 확장하세요.

복리로 쌓이는
신뢰의 마법

고등학교를 졸업하고 은행에 취직을 해서 최연소 지점장이 된 분이 있었다. 나름 승승장구를 한 셈이다. 그 성공의 비결을 여쭈었더니 생각보다 단순했다. 강남의 VIP 팀장으로 발령이 났는데, 그 곳에는 그 분보다 스펙이나 금융지식에서 뛰어난 팀장들이 많았다. 그런데 이 분은 고객들과 금융에 대해서 얘기한 시간보다 고객들과 함께 울고 웃었던 기억이 더 많았다고 한다. 상담실을 찾아오는 수많은 고객들과의 신뢰가 쌓이면서 그 분이 근무하는 동안 그 지점은 해마다 최고의 실적을 올렸다. 직급이 올라갈 수록 전분성은 비슷한 수준이 되고, 인간 관계가 성과에 훨씬 더 영향을 미친다. 그 관계가 장기적으로 성과와 연결되는 것이 바로 신뢰다. 그래서 '신뢰자본'이라고도 부른다.

| 신뢰의 필요조건과 충분조건

고객들은 어떤 것들 때문에 그 분을 신뢰했던 것일까? 신뢰는 과연 무엇일까? 신뢰의 구성요소에 대해서는 학자들마다 다양하게 정의해 놓았다. 진정성, 정직, 일관성, 공감, 배려, 존중, 책임감, 반복, 취약성의 수용 등이다. 이렇게 복잡한 요소들을 필요조건과 충분조건으로 나누어 보았다.

신뢰의 필요조건은 진정성과 공감, 배려다. 이것이 있어야 신뢰를 쌓을 수 있다. '진정성'은 자신 내면의 생각, 감정, 가치와 외적인 말, 행동이 일치하는 상태를 의미한다. 이것은 칼로저스가 말하는 '자기 일치성'(Congruency)이라는 개념이다. 즉, '겉과 속이 비교적 같은 사람'이라는 의미다. 이게 기본적으로 되어있지 않다면 아무리 친절하더라고 가식적으로 느껴지고 신뢰할 수 있다고 느껴지지 않는다. 이런 진정성이 있어야 투명성과 일관성이 생기고, 예측 가능한 사람이 되는 것이다. 그래야 인간적 연결감이 생긴다.

'공감'은 타인의 감정이나 경험을 있는 그대로 이

해하고 그 상태에 정서적으로 반응하는 능력이다. '배려'는 타인의 필요와 감정을 존중하고 그것을 고려하여 행동으로 옮기는 태도이다. 아무리 진정성을 가지고 있는 사람일지라도 타인과의 관계를 유지할 수 있는 능력과 태도가 없다면 신뢰할 수 없다.

신뢰의 충분 조건은 그 신뢰가 자라나는 시간과 반복의 힘이다. 마이어(Mayer), 데이비스(Davis)와 스쿠어만(Schoorman)의 신뢰모형에서 성실성과 호의는 일회적인 판단이 아니라 반복적인 경험 속에서만 검증된다고 강조하였다. 시간의 속에서 검증된다는 것이다. 신뢰는 하루아침에 만들어지지 않는다. 하루 아침에 만들어지는 것이 아니다.

| 신뢰가 복리로 쌓이는 이유

신뢰가 복리인 이유는 시간 속에서 검증된다는 조건 때문이다. 우리는 처음 만나는 누군가에게 순간적인 호감을 느낄 수 있다. 그러나 단순한 호감이 곧바로 진정한 신뢰로 이어지지는 않는다. 신뢰는 단 한 순간의 감정이 아니라 오랜 시간을 필요로 하는 과정이기 때문이다. 마치 금융상품의 복리 이자가 시간이 흐르면서 점차 눈덩이처럼 불어나듯, 신뢰도 작은 증거들이 오랜 시간 꾸준히 반복되고 누적되면서 쌓여간다. 단기간에는 그 차이가 눈에 띄지 않을 수 있다. 그러나 시간이 흐르면 그 격차는 눈에 보이지 않는 마법처럼 커진다. 그래서 신뢰의 힘을 두고 흔히 '복리의 마법'이라고 부르는 것이다.

앞에서 말한 지점장이 은행에서 VIP상담실 팀장으로 일했던 시절의 고객들이 이후로도 큰 손이 되어 주었다. 처음에는 단기 예금만 맡기셨던 고객들이 향후에는 가족 전체의 자산을 맡기기 시작하셨다. 오래된 고객의 아들이나 딸들이 엄마가 늘 믿었던 분이라서 찾아온 경우들도 있었다. 신뢰가 대물림된다는 것을 그 때 실감했다. 재무상담 실력만으로 본다면 날고 뛰는 사람들이 많았는데도 말이다. 그러나 그 분들은 실력보다 오랜 시간의 힘을 더 믿어 주셨다. 이런 신뢰는 위기의 상황에 더욱 빛을 발했다. 금융위기나 시장 변동이 극심할 때에도 고객들은 자신을 이동하지 않고 그 분의 말을 믿어주었다.

신뢰의 복리가 더욱 쌓이는 시기는 아마도 어려운 시기에 더욱 단단하게 쌓인다. 스포츠 회사의 홍보팀에서 일하는 여성 후배가 있었다. 그 후배는 남성 중심의 네트워킹에서 일하기를 무척 어려워했다. 그러나 회사 문화를 극복하기 위해서 여성 특유의 섬세함을 활용했다. 저녁 술자리 보다는 점심시간을 활용했고, 작은 기념일들을 기억해서 소소하게 챙겼고, 필요한 자료들에 대해서도 좀 더 사전적으로 섬세하게 챙겼다. 특히 후배는 기자 등을 비롯한 이해관계자들이 속 칭 '잘 나갈 때'가 아니라, '물을 먹고 잘 안 나갈 때', '다른 사람들이 다 외면할 때' 네트워킹을 지속한 것이다.

후배의 행동은 특별하지 않았다. 오다가다 생각 나면 한 번씩 점심을 먹는 정도였다고 한다. 그런데 밀려났던 사람들이 다시 요직을 차지하게 되면서 결정적인 순간에 중요한 역할들을 해 주셨다. 그렇게 맺은 인연들은 후배의 사회적 자산이 되었고, 이 자산을 기반으로 팀장으로 승진도 했고, 이후에 홍보대행사 이사로 이직을 하게 되었다.

| 신뢰받는 사람 vs 신뢰받는 리더

이 신뢰를 사람에서 '리더'로 바꾸어 본다면 무엇이 달라질까? 신뢰라는 차원에서는 같은 뿌리를 가지고 있지만, 관계의 목적과 기대가 다르다. 인간적 신뢰는 관계의 질을 높이는 것이고 리더의 신뢰는 성과와 방향을 만들어 내는 것이 목적이다. 기본적으로 인간적 신뢰가 바탕이 되어야 하는 것은 당연하지만, 인간적으로 신뢰받는다고 조직 내에서 신뢰받는 것은 아니다. 인간적 신뢰와 리더의 신뢰의 공통점은 진정성과 일관성이다. 하지만 신뢰받는 리더가 되기 위해서는 몇 가지 더 필요하다. 2020년 프라이(Frei)와 모리스(Morriss)는 HBR에서 리더의 신뢰의 3요소를 진정성(Authenticity), 논리(logic), 공감(Empathy)이라고 정의했다. 이 세 가지 정의 중에 '논리'라는 요소가 색다르게 느껴진다. 여기서 말하는 논리는 '타당하고 일관된 의사결정'이다. 이 논리라는 것을 현실에서는 "그 팀장은 뭘하려고 하는지 모르겠어.", "그 분은 무슨 얘기를 하는지 모르겠어."라고 표현한다.

함께 일했던 상사 두 분이 있었다. 한 분은 인간적으로 친절하고 배려심이 많으신 분이셨다. 그러나 의사결정을 할 때는 안절부절하셨고 자기 확신이 없으셔서 왔다갔다 하셨다. 그 분이 직원들에게 하는 태도는 참 좋았지만, 결국은 직원들은 그 팀에 배치되는 것을 좋아하지 않았다. 리더가 의사결정을 제대로 하지 못하니 일이 힘들어졌고 결국 팀원들에게도 피해를 주었기 때문이다. 다른 한 분은 팀원들의 개인사를 살뜰히 살피지는 않으셨다. 관계가 건조하다는 느낌이었다. 그런데 일을 할 때 깔끔했다. 자신이 해야 하는 역할을 정확히 알았고 직원들에게 요구하는 부분도 명확했다. 직원들은 이 분과 일하는 것을 선호했다. 직장 내에서 이런 경험들이 많을 것이다. 직장에서의 신뢰는 이런 것이다. 물론 인간미와 함께 실력도 가지고 있다면 금상첨화이겠지만, 기본적으로는 능력이 바탕이 되어야 한다.

콜퀴트(Colquitt) 와 그의 동료(2001년)들은 리더의 신뢰연구에서 '공정성'이 이 리더 신뢰에 직접적인 영향을 미친다는 결과를 발표했다. 리더의 공정성은 결과를 공정하게 나누는가에 대한 '분배적 공정성(Distributive Justice)', 의사를 결정할 때 원칙이 있는가에 대한 '절차적 공정성(Procedural Justice)', 사람을 존중하는가에 대한 '대인적 공정성(Interpersonal Justice)', 투명하게 소통하는가에 대한 '정보적 공정성(Informational Justice)' 등이다.

이 중에서 신뢰에 가장 직접적으로 영향을 미치는 요소는 '절차적 공정성'이다. '나는 좋은 사람인데 왜 직원들은 나를 신뢰해주지 않는가?'라는 질문을 하고 있는 리더라면 이 부분에서 점검해보자.

신뢰는 하루아침에 생겨나지 않는다. 신뢰는 리

더의 행동 속에서 복리이자처럼 쌓여가며 시간이 흐를
수록 무한대로 확장되는 관계의 자산이 된다. AI 시대
의 리더십은 기술적 성과로만 정의되지 않는다. 오히
려 시간이 흐를수록 빛을 더하는 신뢰가 리더십의 가
장 강력한 힘으로 남는다. 여성 리더들이 관계와 배려,
공감을 바탕으로 신뢰의 복리를 쌓아간다면 변화와 불
확실성의 시대에도 흔들리지 않는 든든한 리더십을 발
휘할 수 있을 것이다.

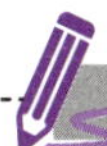

실천을 위한 한 마디

신뢰는 시간과 함께 만들어지는 것이라서 쉽게 만들 수 없기
에 무엇보다 가치가 있지요. 내가 신뢰할 만한 사람이 된다
면, 점차 신뢰할 만한 사람들이 옆에 저절로 모일 겁니다.

4.

인재육성,
우량주에 투자하라

"그 분은 일은 잘 하시지만, 주변에 사람이 없어요.", "그 분은 본인은 똑똑해도 사람을 키우지는 않으세요." 과장급들이 모여서 자기 팀장이나 담당에 대해서 이런 평가를 종종 하는 얘기를 듣곤 했다. 그리고 그런 사람을 보고 상사들은 이렇게 평가한다. "자신에게 주어진 일을 잘 하지만, 주변에 사람이 없어서 큰 일을 하기는 어려워."

직급이 올라갈수록 인재육성이 성과와 관련이 있는 이유는 무엇일까? 현실에서 보면 어떤 대표나 임원이 새롭게 부서에 올 때 그 분의 사람이 함께 이동해서 오는 경우가 있다. 이것이 일종의 파벌이나 무리처럼 보여서 조직문화적 시선에서 부정적으로 보이는 부분도 있다. 그럼에도 왜 계속 일어나는 것일까? 바로 '효율성' 때문이다. 자신이 일하는 방식에 동기화된 사람들이 함께 일을 하기 시작하면 구구절절 설명할 필요도 없고 눈빛만 봐도 알 수 있기 때문이다. 또한 커뮤니케이션 에너지도 줄일 수 있고 오해도 예방할 수 있다.

핵심인재를 키우는 일은 에너지가 많이 드는 일이다. 또 실패 확률도 있다. 그렇게 힘든 일임에도 불구하고 회사 내에서 '사람을 키우는 팀장'이라는 브랜딩은 강력한 자산이다. 성장 욕구가 있는 사람들이 나와 함께 일하기를 희망하게 되고 자연스럽게 나의 경쟁력도 높아지기 때문이다.

팀장에서 본부장으로 승진한 날이었다. 부하직원이 15명에서 100명쯤으로 확 늘어났다. 대표님이 부르시더니 질문을 하셨다. "부하직원 중 몇 명쯤이 자네를 진심으로 믿으면 일이 돌아갈 것으로 생각하나?" "100명 중의 10%정도인 10명쯤이면 돌아가지 않을까요?" 이 말에 대표님은 '3명'이면 충분하다고 말씀하셨다. 그 숫자가 100명으로, 1,000명으로 늘어나도 3명이면 충분하다고 하셨다. 3명이라는 숫자는 상징적인 의미다. 그 만큼 진심으로 나와 맞는 사람을 찾고, 그런 사람을 육성하고, 함께 일한다는 것은 참 어렵다는 의미였다. 주변을 둘러보면 그 3명이 없는 사람들이 허다하다. 그 3명은 밥 사고, 술 산다고 얻어지는 것이 아니다. 나에게서 배울 것이 있다는 의미이고, 내가 사람을 중시하는 리더라는 의미이고, 또 회사 내에서 성장의 비전을 가지고 있다는 의미다. 내가 육성한 핵심 인재가 후배로 있다는 증거가 리더에게는 회사 내에 큰 자산이 있는 것이다.

| 핵심인재, 우량주를 선별하는 기준

여러분은 우량주라고 불린 만한 인재는 누구라고 생각하는가? 여러분이 우량주를 골라야 하는 위치일 수도, 내가 우량주인지 가늠하는 위치일 수도 있다.

첫째, 핵심인재인 우량주란 시간이 갈수록 가치가 오르는, 성장가능성이 높은 사람이다. 성장가능성이 있으려면 성장에 대한 동기가 확실히 있는 사람이어야 한다. 100미터 달리기를 A는 20초, B는 15초에 뛴다. 그 둘이 한달 연습 후에 A는 15초, B는 14초를 뛴다면 우리는 어떤 사람을 선발하는 것이 적절할까? 각자 견해에 따라서 다를 수 있지만, 나는 성장 기울기가 높은 사람을 선발하는 것이 더 낫다고 생각한다. 성장의 기울기는 앞으로의 발전 속도이고 그것이 가능성으로 이어지기 때문이다. 현재 결과보다 앞으로 보여줄 가능성이 많은 사람을 선택하는 것이 베팅에서는 더 나은 선택이다.

둘째, 리더의 사고 방식과 리더십 철학을 공유하며 함께 조직을 이끄는 리더여야 한다. 가치와 원칙, 우선순위, 윤리 기준 같은 것들이 비슷해야 한다는 것이다. 그래야 단순히 일을 잘하는 실행자가 아니라 방향성을 이해하고 스스로 판단할 수 있기 때문이다. 그러나 이것은 유유상종을 의미하는 것은 아니다. 오히려 비슷한 유형의 사람들이 그룹을 이루면 강점은 강화되지만, 약점은 더 약해지므로 상호 보완할 수 있는 반대 성향을 가진 사람들이 그룹이 되면 좋다. '믿을 수는 있지만, 조금은 불편한 사람'이 적격일 수 있다.

셋째, 시간의 힘을 믿고 오래 함께 갈 사람이어야 한다. 우량주가 자신의 가치를 드러내려면 시간이 필요하다. 그 시간 동안에 주가는 오르락내리락 할 것이다. 그 변폭을 참을 수 있어야 하고, 참으면 결국은 가치가 오를 것이라는 확실한 믿음이 있어야 한다. 나하고 철학도 비슷하고 똑똑하지만, 결국은 오랜 시간을 같이 갈 수 있는 동기나 믿음이 없다면 내가 함께 할 사람이 아니다. 또 하나는 그 시간을 함께 가는 데 내가 너무 많은 에너지를 써야 하는 사람이라면 지속하기 어렵다. 지금 함께 하고 있는 일에 집중하고 있는 사람, 그리고 독립적이면서도 배려심이 있어서 함께 있는 것이 시너지가 나는 사람이 필요하다.

넷째, 인간성이 있는 사람을 선택해야 한다. 아무리 똑똑하고 일을 잘한다고 하더라도 사람에 대한 존중과 배려를 밑바탕에 깔고 있지 않다면 리스크가 될 가능성이 높다. 리더십의 본질은 신뢰다. 인격적 품격이 없는 인재는 조직 내에서 단기적으로는 성과를 내더라도 장기적으로는 리스크다.

핵심인재로 성장시키는 방법

핵심인재인 우량주를 발견했다면 어떻게 성장시켜야 할까? 먼저 우량주를 성장시키는 데 실패한 사례를 얘기해보고자 한다.

스마트하고 일에도 진심이었던 A 과장이 있었다. A 과장은 여러가지 단계를 거쳐서 그룹의 핵심인재로 선발되었고 회사의 중장기 전략이나 주요 정책

등의 중요 업무를 맡았다. 핵심인재로 선발되었다는 것이 공식적으로 발표되지는 않았지만, 소문이 났고 선배나 동기들이 경계하게 되었다. 또한 A 과장은 성과를 내야 하고 상사의 기대에 부합해야 한다는 압박감에 다른 부서에게 자기 주장을 강하게 하면서 사람들 사이에서 반감이 생기기 시작했다. 그런데 상사는 그런 과정에 적극적으로 개입하지 않았다. 독립적으로 일을 하기를 바랐을 수도 있고, 그런 분위기의 변화를 감지하지 못했을 수도 있다. 그런 분위기가 누적이 되고 있었을 때 직원과의 관계에서 문제가 생겼다. 그냥 넘어갈 수도 있는 일이었으나 A 과장에게는 더욱 엄격하게 피드백이 돌아갔다. 그리고 여러 과정을 거쳐 결국 사직했다.

나는 옆에서 A 과장의 사례를 바라보면서 안타까운 마음도 들었고 배우는 것도 많았다. 핵심인재는 우량주라고 해서 지나치게 득별대우를 헤서는 안 된다. 흙 속에 잘 묻어놓고 갈고 닦아야 한다. 자칫 잘못하면 시기와 질투에 의해서 공격의 대상이 되기도 하고, '완장'을 찬 잘못된 태도로 미움을 사기도 한다. 따라서 인재 육성에는 '마냥 두거나, 깊게 개입하지 않는 거리 유지'가 필요하다. 관찰은 지속적으로 하되 개입은 꼭 필요할 때만 해야 한다는 원칙이 필요하다. 믿는 사람이라고 지속적으로 관찰을 안 하면 믿는 도끼에 발등 찍힐 수 있다. 반면 너무 개입을 많이 해서 손을 많이 타면 자라지 않는다. 예술의 경지에 이르는 거리감이 필요하다. 그래서 한 사람을 육성하는 것은 많은 에너지가 드는 일이다.

다음은 공공기관 IT팀에서 일했던 B의 사례다. 정보화중장기 계획을 세워야 한다는 지시를 받고 이전의 관행대로 컨설팅 용역사업 계획을 제출했는데 상사가 이렇게 말했다. "우리 회사의 정보화가 나아갈 방향을 제대로 고민하는 사람이 정보화 업무 15년 차인 자네인가? 아니면 그럴 듯한 보고서를 만들어주는 컨설팅 업체인가?"

B 과장은 그 물음에 부끄러웠고 그날부터 주말은 물론이고 매일 밤을 세우다시피 트랜드 자료를 수집하고, 회사 데이터를 분석해가며 정보화 중장기계획 보고서를 작성하기 시작했다. 어느 정도 되었다 싶어서 제출했는데 다른 사람을 불러서 마무리 하라고 지시했다. 너무 자존심이 상해서 또 보완에 보완을 거듭했다. 2주 후, B 과장은 본부 직원들 앞에서 계획 보고회를 마치고 사장님께도 직접 보고를 드릴 수 있었

다. B 과장의 상사는 컨설팅 회사를 끼고 일을 하는 관행을 그대로 답습하려던 B에게 새로운 도전을 주었고 스스로의 손으로 해내는 성공경험과 더불어 공식무대에 데뷔하는 경험까지 주었다. 이 일을 계기로 B 과장은 일을 대하는 태도와 안목이 완전히 새로워졌다. 이후 B 과장은 인사처장까지 승승장구했다. 아마도 상사는 이 사람을 우량주로 선별했을 것이고 이를 시험대에 올려봤을 것이다. 이처럼 동기와 능력을 갖추고 있다고 판단되는 우량주에게는 강력한 동기부여와 더불어 위임을 하고 데뷔할 수 있는 무대를 제공해 주면서 스스로 성장할 수 있는 기회를 주는 것이 가장 좋은 방법이다. 인재 육성을 위해서 종종 쓰는 효율적인 육성 방법이 있다.

첫째, 함께 하면서 보여주는 '리더의 그림자 교육'이다. 회의나 의사결정 현장 등을 동행하게 하면서 왜 그렇게 결정했는지도 설명해주고, 당신이라면 어떻게 결정할 것인지를 생각하게 하는 것이다. 우리 팀의 일뿐만 아니라 다른 팀이나 전체 회사의 일들에 대해서 얘기를 나누면서 시야를 넓혀볼 수 있는 기회를 제공하는 것도 좋다.

둘째, '과외선생 교육' 방식이다. 내가 직접 가르

치는 것을 넘어서 옆에 있는 리더, 회사 밖의 리더들과 만나서 배울 수 있는 기회를 제공해주는 것이다. 꼭 다 내가 할 필요는 없다. 스스로 의지가 있다면 할 수 있는 기회만 제공해 주는 것도 좋다.

셋째, '동료 그룹 교차 학습' 방식이다. 비슷한 역량과 동기를 가진 사람들끼리 묶어 주게 되면 각자의 경험과 관점을 통해 서로 배우면서 동기부여가 된다. 주로 대기업에서 핵심인재들을 위한 육성 프로그램에 이런 방식을 많이 쓴다. 꼭 공식적인 모임이 아니더라도 충분히 가능하다.

이렇듯 우량주를 육성하기 위해서는 다양하게 고려해야 한다. 무심하면서도 섬세한 장치가 필요하다. 에너지가 많이 들고 실패할 때는 인간적인 자괴감도 많이 들 수 있다. 그러나 궁극적으로 사람을 키우는 리더라는 강력한 브랜딩은 자신을 위한 것이며 또한 그 과정을 통해서 자신도 성장한다는 것을 잊지 말기 바란다.

실천을 위한 한 마디

결국은 큰 성과를 내려면 함께 해야 합니다. 멀리, 높이 가려면 함께 갈 수 있는 사람들을 발굴하고 육성하는 것은 선택이 아니라 필수입니다. 사람에 대해서 고민하세요.

하이엔드 4D 성과코칭 질문

다음과 같은 질문을 보면서 스스로 재점검해 보는 시간을 가져보

세요. (최근 성취한 자신의 업무성과를 기준으로 답해보는 것이 좋습니다)

하이엔드 4D코칭	문항	코칭 질문
1D 자기이해	1	지금 내 스스로 가장 중요하다고 생각하는 성과(목표)는 무엇인가?
	2	그 목표가 내 커리어에 중요한 이유는 무엇인가?
	3	이 성과를 내기 위해서 내가 가장 두려워하는 손실은 무엇인가?
2D 환경탐색	4	이 성과는 누가, 어떤 기준으로 평가하는지 알고 있는가?
	5	성과가 보이지 않는 이유는 무엇 때문인가? 예를 들어 성과의 질, 자신의 전달방식 등 다양하게 생각해 보자.
	6	우리 조직은 다음 기회로 이어지는 성과를 어떤 방식으로 만들어지고 있는가?
3D 행동설계	7	혹시 이 성과를 위해 내가 과하게 쓰고 있는 자원은 무엇인가?
	8	현재 적은 에너지로 가장 큰 임팩트를 내는 행동은 무엇인가?
	9	나의 지속기능한 성과 창출을 위해 지금 내려놓아도 좋은 것은 무엇이 있는가?
4D 추진력 구축	10	이번 성과를 누가 알고 있어야 다음 기회로 이어지는가?
	11	이번 성과가 다음 역할이나 기회로 연결되게 하려면 무엇이 더 필요한가?
	12	이 성과는 다음에도 비슷한 상황에서 다시 써먹을 수 있는가?

4

관계,
다정함과
단호함의
차이

조직 생활을 오래 하면서 알게 된 것이 있다. 일이 힘든 날보다 사람이 힘든 날이 더 오래 기억에 남는다. 팀원이었을 때는 일만 잘하면 문제없었다. 조금 무례한 상사도, 답답한 동료도 '내 일이 아니면' 넘길 수 있었다. 그런데 리더가 되는 순간, 그 모든 관계가 갑자기 내 일이 된다. 말 한 마디가 팀 분위기를 바꾸고, 기준 하나가 성과의 속도를 바꾼다. 그때부터 리더라는 이름이 버거워진다. 권한은 제한되어 있는데 어디서도 쉽게 빠질 일은 없다. 결정은 위에서 내려오고, 설명은 내가 해야 한다. 위로는 결과와 속도의 말로 이야기해야 하고, 아래로는 이유와 맥락을 풀어 설명해야 한다. 옆으로는 이해

관계가 다른 부서들과 끊임없이 조율해야 한다.

많은 여성 리더들이 "일은 할수록 늘고, 관계는 점점 더 어려워진다."라고 말한다. 리더가 되면 매니징의 성격이 바뀌기 때문이다. 성과를 직접 만드는 사람이 아니라 성과가 나도록 사람과 일을 연결하는 사람이 된다. 때문에 매니징은 소통의 문제다. 여기서의 소통은 말을 잘하는 기술이 아니라 각자의 입장에서 쓰는 서로 다른 언어들을 번역하고 기준을 명확히 하는 능력이다.

관계는 잘 지내는 문제가 아니다. 참거나, 맞추거나, 좋게 말하는 것으로 해결되지 않는다. 조직에서 관계는 설계의 영역이다. 기준이 없으면 흔들리고 말을 흐리면 오해가 쌓인다. 다정함만으로는 팀이 불안해지고 단호함만으로는 사람이 멀어진다. 이 장에서는 그 사이를 다룬다. 다정함을 잃지 않으면서도 기준을 세우는 법, 무례하지 않게 단호해지는 말의 구조, 갈등을 없애려 애쓰지 않고 자리를 정리하는 조율의 기술, 그리고 조직 안에서 닳지 않기 위해 울타리 밖으로 나가는 이유까지. 사람을 잃지 않으면서도 기준을 지키는 법. 다정함과 단호함 사이에서 관계를 다룰 줄 아는 능력이 여성리더에게 가장 현실적인 경쟁력이다.

매니징은
소통이 전부다

리더가 되고 나서 관계는 전혀 다른 얼굴이 된다. 팀원이었을 때는 일이 어렵지, 사람이 어렵지는 않았다. 하지만 역할이 바뀌는 순간 일보다 사람을 다루는 일이 훨씬 어렵게 다가온다. 과장이 되었을 때, 혹은 처음 팀을 맡았을 때 많은 여성 리더들이 비슷한 말을 한다. "이제는 일을 얼마나 잘하느냐 보다 사람이 나를 얼마나 믿고 따라오느냐가 더 중요한 것 같아요." 맞는 말이다. 리더의 성과는 더 이상 개인의 실력으로 설명되지 않는다. 사람을 통해서만 완성되는 성과가 대부분이기 때문이다. 여성 리더의 자리는 늘 복합적이다. 위로는 상사의 기대와 조직의 방향을 읽어야 하고, 아래로는 팀원의 감정과 성장을 함께 챙겨야 한다. 옆으로는 유관 부서와 협업해야 하고, 바깥으로는 고객과 시장의 변화를 놓칠 수 없다. 권한은 충분하지 않은데 빠질 수는 없는 위치. 그래서 종종 '일은 내가 제일 잘 아는 것 같은데, 결정은 늘 다른 데서 내려진다'고 느낀다. 매니징의 성격이 달라지기 때문이다. 리더의 일은 더이상 '내가 잘하는 것'이 아니라 일과 사람, 사람과 사람을 연결하는 것이다. 성과를 직접 만들어내기 보다 성과가 나올 수 있도록 관계를 조율하는 역할이다.

관계를 다루는 어려움은 직급이 올라갈 수록 줄어들지 않는다. 오히려 더 정교해진다. 오랫동안 버티는 힘은 결국 소통력에서 나온다. 복잡한 위치에서 살아남고 성장하는 사람들의 공통점이 있다. '사람 사이의 언어'를 잘 다룬다. 그것이 바로 소통이다.

| 결정을 가능하게 만드는 말

여성 리더들이 가장 먼저 부딪히는 벽은 '보고'다. 현장은 누구보다 잘 아는데 막상 상사를 설득하거나 결정을 이끌어내는 일은 쉽지 않다.

과장이 되고 처음 큰 마케팅 프로젝트를 맡았을 때의 일이다. 기존 방식이 식상한 것 같아 새로운 판촉

행사를 직접 설계했다. 매출 데이터를 다시 분석하고 매출 볼륨에 따라 고객에게 제공할 판촉물도 차등화했다. 혼자 보기엔 꽤 그럴듯한 내용이었다. "준비 잘 돼가?" 상사가 물을 때마다 "네."라고만 답했다. 완벽하게 정리해서 한 번에 보고하고 싶었기 때문이다. 2~3주를 매달려 업체 선정에서부터 예산, 기대효과까지 빈틈없이 정리한 보고서를 올렸다. 결과는 통과되지 못했다. 시간이 없으니 기존 방식대로 가자는 결정이 내려졌다. 회의실을 나오며 억울한 마음이 들었다. 하지만 시간이 지나고 나서 그 장면이 다르게 보였다.

상사는 '잘 만든 안'을 원한 것이 아니라 결정을 내릴 수 있는 구조를 원했던 것이다. 가능한 선택지, 있을 법한 리스크, 판단이 필요한 지점. 그게 보이지 않으면 아무리 공들인 기획이라도 부담이 된다. 보고는 설명이 아니다. 상사가 결정을 할 수 있도록 판을 짜주는 일이다. 상사에게는 '완성본'이 아니라 '결정 구조'를 가져가야 한다.

보고서를 만들기 전에 스스로에게 먼저 물어보자.
"이 안에서 상사가 결정해야 할 것은 무엇인가?"
"선택지는 몇 개인가?"

"각각의 리스크는 무엇인가?"

그리고 보고할 때는 이렇게 말하는 편이 낫다. "이 안에는 두 가지 선택지가 있습니다. A는 안정적이고 B는 성과 가능성이 크지만, B는 이런 점이 리스크입니다. 이 부분에 대해 부장님 판단이 필요합니다." 상사는 모든 내용을 알고 싶어 하지 않는다. 결정이 필요한 지점만 명확히 짚어주는 사람을 신뢰한다. 보고는 열심히 한 결과를 보여주는 자리가 아니라 결정을 쉽게 만들어주는 자리다.

| 의미를 연결하는 말

리더가 되고 나면 하루 종일 말을 하고 있는데도 '오늘 제대로 대화한 적이 있나?' 싶은 날이 있다. 상사의 말을 그대로 전하면 팀원들은 납득하지 못하고 맥락을 풀어 설명하면 마음대로 해석하지 말라는 빈용이 돌아온다. 같은 것을 보고도 사람들마다 생각하는 것이 다르다. 고객을 보면서 누구는 제품을 사주는 사람을 생각하고, 누구는 물건을 팔아 줄 사람을 생각한다. 팀워크 향상을 생각할 때 누구는 회식을, 누구는 워크숍을, 누구는 자기 존중을 떠올린다. 사람의 기질, 경험, 성격 그 모든 것이 작용하는 것이다. 결국 상사의 언어와 팀원의 언어가 다르다는 것이 핵심이다. 상사는 결과와 속도의 언어를 쓰고 팀원은 이유와 맥락의 언어를 쓴다. 그래서 우리는 같은 사실을 두 번 말할 수 있어야 한다.

상사에게는 "이 일정이 가능한 이유는 이렇습니다.", 팀원에게는 "일정이 이렇게 빠른 이유는 우리가 먼저 안을 올려야 수정권을 가질 수 있기 때문이예요."라고 말할 수 있어야 한다. 이것은 편들기가 아니라 맥락을 맞추는 일이다. 소통은 상황에 따라 기울되 중심을 잃지 않는 기술이다. 여성 리더의 매니징은 말을 많이 하는 일이 아니라 관계를 정렬하는 일에 가깝다.

상사의 말을 그대로 옮기기 전에 한 번 더 생각해보자.

"이 지시의 배경은 무엇인가?"

"이 일을 통해 팀이 얻는 건 무엇인가?"

후배들은 완벽한 리더를 원하지 않는다. 이유를 설명해주는 리더, 자기 일의 의미를 알게 해주는 리더를 따른다.

| 협력을 만드는 말

유관 부서와의 협업은 늘 쉽지 않다. 목표가 다르기 때문이다. 영업은 매출이 급하고, 생산은 안정이 중요하며, 재무는 숫자가 먼저 보인다. 각자의 언어가 다르고 우선 순위가 다르다. 그래서 유관 부서와의 소통은 대화 보다 조율에 가깝다. 누가 맞고 틀렸는지를 가리는 순간 협업은 멈춘다. 반대로 문제를 함께 풀 대상이 보이면 말의 방향이 바뀐다.

프린터영업팀의 과장이었을 때의 일이다. 고객사에서 처음 도입하는 대형 장비 납품을 앞두고 있었는데 납기까지 불과 사흘밖에 남지 않았다. 문제는 생산이었다. 물류 시스템에 제품이 잡히지 않았는데, 알고 보니 제품 생산은 되었지만, 박스 포장이 안 된 상태였다. 공장 쪽에 확인하니 대리점 공급 물량이 몰려 우리의 물량이 밀려 기존 인원까지 다른 라인으로 빠져 있었다. 말 그대로 방법이 없어 보이는 상황이었다. "안됩니다.", "사람이 없어요.", "저희도 지금 한계예요." 그 말들이 틀린 것은 아니었다. 공장 쪽도 이미 며칠째 야근 중이었다. 하지만 그대로 돌아서기엔 고객과의 신뢰가 걸린 문제였다. 무작정 공장으로 갔다. 회의실에서 따지는 대신 현장을 먼저 봤다. 그리고 이렇게 말했다. "이번 건이 영업만의 문제는 아닌 것 같아요. 이번 납품이 안 되면 이 제품의 올해 생산 목표도 흔들릴 수 있잖아요. 지금 가능한 방법을 같이 한번 찾아볼 수 있을까요?" 그날 나는 후배 한 명과 둘이서 40kg 레이저 프린터 200대를 직접 박스에 넣고 포장했다. 품질 검사까지 마치고 별도 차량을 불러 납품했다. 하루가 꼬박 걸렸다. 그 이후로 공장과의 관계는 눈에 띄게 달라졌다. 누구 탓을 하는 것이 아니라 문제를 함께 풀려고 했다는 점을 알아봤기 때문이다.

유관 부서와의 협업에서 중요한 것은 논리보다 관점이다. '왜 안 해주는가?'가 아니라 '이 일이 당신에게는 어떤 의미인가?'를 묻는 것. 많은 협업이 막히는 이유는 의지가 없어서가 아니라 상대의 목표를 고려하지 않은 채 우리 말만 하기 때문이다. 그래서 말의 출발점을 바꿔야 한다.

"그 일정은 절대로 지켜야 합니다." 대신 "그 일정을 맞추려면 어떤 지원이 필요할까요?"

"그게 마케팅팀 일이잖아요." 대신 "이건 마케팅팀과 우리가 같이 풀어야 할 문제 같아요."

"왜 이렇게 늦어졌어요?" 대신 "지금 가장 부하가 걸리는 지점이 어디인지 알 수 있을까요?"

말을 바꾼다고 모든 문제가 바로 풀리지는 않는다. 하지만 말의 방향이 바뀌는 순간 상대는 방어 대신 설명을 시작한다. 그때부터 협업은 다시 움직인다.

유관 부서 소통에서 여성 리더들이 자주 빠지는 함정이 있다. 괜히 세게 말하면 관계가 틀어질까 걱정하며 혼자 다 떠안는 선택을 하는 것이다. 하지만 협업은 희생으로 굴러가지 않는다. 공통의 목표를 말로 다시 세워줄 때 움직인다. 이때 도움이 되는 질문이 있다.

"이 일이 우리 조직 전체에 어떤 영향을 줄까요?"

"이 선택이 각 팀에 주는 부담은 무엇일까요?"

"지금은 어느 팀이 힘을 보태야 할 시점일까요?"

이 질문들은 누가 양보하느냐의 문제가 아니라 어떻게 나누느냐의 문제로 판을 바꾼다. 사장이 아닌 이상 누구도 권한으로 밀어붙일 수 있는 자리에 있지 않다. 그래서 유관 부서와의 협업은 리더십의 '한 방'이 아니라 '매일의 말과 태도가 쌓인 결과'다. 협력을 움직이는 말은 목소리를 높이는 말이 아니다. 문제를 '내 일'에서 '우리 일'로 바꾸는 말이다. 그 말을 할 수 있는 사람이 조직 안에서 가장 오래, 가장 멀리 간다.

자기 일 잘하는 사람은 많아요. 하지만 일이 굴러가게 만드는 사람은 사람 사이의 말 길을 여는 사람이에요. 당신의 말은 어떤가요?

무례하지 않게,
단호하게 소통하는 법

"팀장님, 이번 건은 좀 봐주시면 안 될까요? 다음엔 꼭 제대로 하겠습니다." 역시나였다. 같은 팀원에게서 같은 말을 세 번째 들었을 때 나는 잠시 말을 멈췄다. 머리속에서는 이미 답이 정해져 있었다. '이번엔 안 된다.' 그런데 입이 잘 떨어지지 않았다. 단호하게 말하면 냉정해 보일 것 같았고, 또 한 번 넘어가자니 팀의 기준이 흐려질 것 같았다. 이 딜레마는 낯설지 않다. 많은 여성 리더들이 이 지점에서 멈춘다. '착한 리더'와 '제대로 된 리더' 사이에서 균형을 잡아야 한다는 압박. 조금만 단호해져도 '말이 세다', '차갑다', '유연하지 않다'는 평가가 따라올까 봐 스스로 말을 누르게 된다. 그러나 진짜 문제는 단호함이 아니다. 이것은 단호하지 않았던 결과다.

연말 성과평가 시즌, 기대에 미치지 못한 성과를 낸 팀원에게 피드백을 해야 했다. 무슨 말을 어떻게 해야 할지 몰라 며칠 밤을 뒤척였다. 회의실에 앉아 결국 이렇게 말했다. "지난 분기 결과를 보면 목표 대비 70% 수준이었어요. 솔직히 아쉬운 건 사실이예요." 팀원의 표정이 굳어졌다. 잠시 숨을 고른 뒤 말을 이었다. "이 이야기를 하는 건, 김 과장을 탓하려는 게 아니예요. 같이 원인을 짚고 다음 분기는 달라지게 만들고 싶어요. 가장 어려웠던 부분이 뭐였는지 김 과장 얘기를 먼저 듣고 싶어요." 그 순간 방 분위기가 달라졌다. 방어 대신 설명이 시작됐고, 핑계 대신 맥락이 나왔다. 그는 자신이 겪었던 크고 작은 어려움을 털어놓기 시작했다.

단호함과 무례함은 전혀 다른 말이다. 단호함은 명확함이고, 무례함은 배려가 없는 것이다. 그 차이는 말투가 아니라 의도와 맥락에서 만들어진다. 그럼에도 많은 여성 리더들이 여전히 단호함 앞에서 망설인다. 명확하게 말하면 관계가 깨질 것 같고 실망시키는 사람이 될 것 같기 때문이다. 하지만 현장에서 듣는 팀원들의 말은 다르다. "애매하게 말하면 더 불안해요.",

"차라리 정확하게 말해주면 고칠 수 있는데요." 팀원들이 원하는 것은 부드러운 말이 아니라 예측 가능한 기준이다. 문제는 우리가 너무 오래 '완곡함'을 미덕으로 배워왔다는 데 있다. 돌려 말하고, 완화하고, 여지를 남기는 방식에 익숙해진 결과 정작 전달해야 할 메시지는 흐려진다. 단호함에는 의지보다 연습이 필요하다.

| 말을 조금씩 바꾸기 시작했다

단호해지겠다고 마음먹는다고 해서 단호해질 수는 없었다. 대신 말을 하나씩 고쳐보는 연습을 했다. 단호하게 들리면서도 관계를 지키는 방법이다.

첫째, 흔히 쓰던 '샌드위치 피드백'을 내려놓았다. 칭찬으로 시작해 아쉬운 점을 말하고, 다시 칭찬으로 덮는 방식이다. 겉으로는 부드러워 보이지만, 정작 전달해야 할 메시지는 흐려지는 경우가 많았다. "좋았어요."로 시작해 "아쉬운 점두 있었어요."로 끝나면 팀원은 이렇게 받아들인다. '결국 괜찮다는 뜻이구나.' 그래서 말을 바꿨다. 평가부터 하지 않고 관찰한 사실부터 꺼내는 방식으로. "지난 주 고객 미팅에서 질문에 대한 준비가 부족해 보였어요. 그 때문에 고객이 우리 전문성을 조금 의심하는 반응을 보였습니다." 판단을 빼니 상대는 설명을 시작했다.

그리고 그 다음에야 방향을 덧붙였다. "다음 미팅 전에 예상 질문 리스트를 같이 한번 정리해보면 좋겠어요." 사실을 말하고, 그로 인한 영향을 짚고, 다음 행동을 제안하는 것. 이 방식은 메시지를 세게 만들지 않으면서도 훨씬 또렷하게 남았다.

둘째, 기준을 만들고 팀에 공유했다. 늘 마음이 약해지던 순간이 있었다. 마감 하루 전, 혹은 당일 들어오는 부탁들이다. "팀장님, 급한데 이것만 좀 봐주시면 안 될까요?" 그때마다 한 번쯤은 넘어갔다. 그러다 보니 계획은 계속 무너졌고 팀에는 보이지 않는 불만이 쌓였다. 그래서 아예 기준을 만들었다. '긴급 업무'에 대한 팀 내 룰이었다.

① 고객 클레임이나 법적 이슈는 즉시 처리
② 경영진 요청이나 계약 건은 당일 검토
③ 그 외 일반 업무는 최소 이틀 전 요청

이 기준을 공유한 뒤로는 거절이 훨씬 쉬워졌다. "이건 우리가 정한 기준으로 보면 일반 업무에 해당하는 것 같아요. 특별히 급한 이유가 있는지 먼저 이야기해 줄래요?" 이렇게 말하면 거절은 개인의 냉정함이 아니라 합의된 원칙이 된다.

셋째, 불편한 이야기를 꺼내야 할 때는 대화의 의도부터 먼저 밝혔다. "오늘 이 이야기를 하는 이유는 박대리를 혼내려고가 아니라 더 잘할 수 있게 돕고 싶어서예요." 이 한 문장만으로도 상대방의 눈빛이 달라졌다. 상대는 공격받고 있다고 느끼기보다 같은 편에서 있다는 신호를 받는다.

넷째, 명확한 기준 안에서 선택지를 주려고 했다. 기준까지 흔들리면 팀은 오히려 더 불안해진다. 그러나 이 단호함이 일방적 지시를 의미하는 것은 아니다. 이 안에서 모든 걸 유연하게 가져가려고 했다. "마감은 금요일 오후 6시입니다. 이건 바뀌지 않아요. 다만 그 안에서 일정을 어떻게 나눌지는 이 과장이 정해도 괜찮아요. 수요일에 한 번 중간 점검만 합시다." 프레임은 단호하게, 과정은 유연하게. 이 조합이 관계를 가장 덜 다치게 했다. 단호함이 일방적 지시를 의미하는 건 아니다. 오히려 명확한 프레임 안에서 선택권을 주는 게 더 효과적이다.

이렇게 단호함은 관계를 해치는 게 아니라 오히려 신뢰를 만든다. 이것은 냉정함이 아니라 예측가능성이다. 단호한 리더는 팀을 불편하게 하지 않는다. 오히려 예측가능한 리더로 기억된다. 명확한 기준, 구체적인 피드백, 일관된 원칙이 리더십의 신뢰를 만든다. 그리고 그 신뢰 위에서 진짜 성장이 시작된다. 당신이 좋은 사람으로 남고 싶다면 더 명확해지는 것이 반드시 필요하다. 역설적이지만, 그게 진짜 배려이기 때문이다.

실천을 위한 한 마디

기준을 분명히 말해줘야 사람들이 오히려 편해져요. 주저하지 말고 명확한 기준을 합의하세요.

갈등을 성장으로 바꾸는 조율의 힘

리더가 되고 나서 가장 피곤해지는 순간은 일이 많을 때가 아니라 사람 사이가 어긋날 때다. 뭔가 싸늘해질 때, 메일 한 줄에 감정이 실릴 때, "그건 제 일이 아니잖아요."라는 말이 오갈 때. 갈등은 특별한 사건이 아니다. 조직에서 일하는 한 거의 매일 스치듯 지나간다. 퇴사를 생각하는 많은 이유 중 하나도 이런 상황의 스트레스가 큰 때다.

문제는 갈등이 생기는 것이 아니라 그것을 어떻게 다루느냐다. 예전에는 갈등을 되도록 만들지 않는 것이 유능한 리더의 조건처럼 여겨졌다. 문제는 덮고, 불만은 조용히 정리해서, 표면적으로 매끄럽게 유지하는 것. 하지만 지금의 조직은 다르다. 사람도, 속도도, 이해관계도 훨씬 복잡해졌다. 성의 차이, 세대의 차이도 확연히 존재한다. 이런 때 갈등을 피하려고만 하면 일은 느려지고, 관계는 더 꼬인다.

특히 여성 리더에게 갈등은 한 겹 더 얹혀진다. "아무래도 여자가 하기엔 좀 세지 않나?", "왜 그렇게 예민하게 받아들여?", "리더답게 좀 더 강하게 밀어붙여야지." 같은 상황에서도 너무 단호하면 까칠하다고 하고 조율하려 하면 결단력이 없다고 한다. 이러한 이중 신호 속에서 여성 리더는 갈등 자체보다 갈등을 대하는 태도로 더 많은 에너지를 쓴다. 하지만 바로 그 지점이 여성 리더가 가장 강점을 발휘할 수 있는 영역이기도 하다.

여성 리더는 미묘한 관계를 읽어내고, 상대의 맥락을 들으며, 말의 경계를 조정하는 데 익숙하다. 다만 그 능력을 그동안 '눈치'나 '배려'로 써왔을 뿐이다. 갈등을 없애는 대신 갈등이 머물 자리를 정리하는 것. 그것이 조율이다.

| '누가 맞나'가 아니라 '무엇이 모호한가'

내가 처음 팀장이 되었을 때 유독 경영진 보고

시간이 길었다. 경영진이 원하는 방향과 내가 현장에서 필요하다고 느낀 방향이 달랐기 때문이다. 지시를 그대로 수행하자니 팀원들에게 부담이 컸고 팀의 상황을 설명하자니 경영진의 기대에 못미치는 것 같았다. 누구에게도 불편한 말을 하지 못한 채 보고는 길어지고 결정은 늦어졌다. 그때의 나는 모두가 만족하는 답이 어딘가에 있을 것이라 믿었다. 초짜 팀장이 흔히 빠지는 착각이다. 실무자일 때는 이미 걸러진 답을 받았는데 이제는 그 답을 만들어야 하는 자리에 와 있었던 것이다. 어느 날 문득 이런 생각이 들었다. '왜 모든 걸 내가 혼자 결정하려고 하지?' 이것은 내 일이 아니라 이해관계자들이 함께 풀어야 할 문제였다. 그제서야 말을 바꿨다. 내가 책임질 수 있는 범위, 팀이 감당할 수 있는 선, 경영진의 결정이 필요한 지점을 명확히 나누어 다시 설명했다. "이 부분은 팀에서 책임지고 실행할 수 있습니다.", "이 지점은 권한 위임이나 우선순위 조정이 필요합니다.", "이 선택에 따른 리스크는 이렇습니다." 갈등이 사라진 것은 아니었다. 하지만 갈등의 위치가 명확해졌다. 모호함이 줄어들자 감정의 피로도도 낮아졌다. 리더는 갈등을 없애는 사람이 아니라, 갈등이 머무를 자리를 정리하는 사람이다.

| 평가 갈등은 결과보다 '기준과 설명'

평가 시즌이 다가오면 리더의 마음은 늘 복잡해진다. 함께 고생한 걸 알기에 숫자 만으로 줄 세우는 일이 쉽지 않다. 위기 상황에서 결정적인 역할을 한 사람도 있고 눈에 띄진 않지만 팀을 떠받친 사람도 있다. 계획에 없던 일들이 절반은 넘게 끼어들고 그 기여를 어떻게 설명할지도 고민이다. 누군가는 묻는다. "저는 이만큼 했는데 왜 결과가 이래요?" 누군가는 말하지 않지만 표정으로 모든 걸 드러낸다. 다른 누군가는 승진 연차다. 이때 리더가 가장 흔히 빠지는 착각이 있다. 누가 더 잘했는지를 가려내는 일이 이 갈등의 핵심이라고 생각하는 것이다. 하지만 현장에서 갈등을 키우는 건 대부분 결과 그 자체가 아니다. 기준이 보였는가, 설명이 있었는가, 그리고 그 설명이 존중의 언어로 전달되었는가다. 역할의 경계는 일하면서 자연스럽게 흐려진다. 성과가 좋을수록 협력은 많아지고 '내 일과 네 일'의 선은 더 흐릿해진다. 문제는 그 복잡한 과정이 평가 순간에 숫자 몇 개로 정리될 때 생긴다. 어디에도 정확한 저울은 없고 리더의 판단만 남는다.

나 역시 팀원 시절에 크게 서운했던 기억이 있다. 그 해 내가 속한 팀은 최대 성과를 냈고, 나 역시 개인 목표 달성률이 팀 내 1위였다. 그런데 팀장이 부르더니 "이번엔 다른 선배가 승진 케이스고 너는 그간 고과가 좋으니 올해는 양보해야겠다."라고 했다. 앞에서는 "네."하고 나왔지만, 내내 억울했다. 결국 다음 해 다른 부서에서 콜이 왔을 때 큰 고민 없이 옮겼다. 이런 갈등을 줄이는 해법은 평가표를 더 정교하게 만드는 데 있지 않다. 평가 전과 평가 후의 대화에 있다. 또한 평가 전에 기준을 공유해야 한다. 우리가 중요하게 보는 기준이 무엇인지, 협력과 추가 기여는 어떻게 바라볼 것인지, 결과만이 아니라 과정도 어떻게 기록할 것인지. 그리고 평가 후에는 결과와 무관하게 각자의 기여를 다시 짚고, 왜 이런 판단에 이르렀는지 설명하고, 다음을 위해 무엇을 보완하면 좋을지 합의해야 한다.

승진 발표가 난 뒤 리더의 표정 관리가 어려운 이유는 축하와 위로가 동시에 필요하기 때문이다. 이때 조직을 지탱하는 힘은 제도보다 관계의 신뢰다. 성과를 얻은 사람이 스스로의 성취를 자랑스러워하되 함께하지 못한 동료를 살필 수 있는 분위기. 그 문화는 평가 시즌에 갑자기 만들어지지 않는다. 평소에 쌓아온 라포, 일을 함께 하면 나눴던 대화, 갈등을 피하지 않고 다뤄왔던 경험이 이 순간을 버티게 한다.

| Gen Z의 질문은 반항이 아닌 '설계 요청'

Gen Z는 '왜(Why)'에 대한 납득 없이는 움직이지 않는다. 복종보다 이해를, 권위보다 대화를 선호한다. 그래서 리더가 '이 정도는 말 안 해도 알겠지'라고 생각하는 순간 대화에 몰입하지 못하는 모습을 볼 수 있다. 이 장면에서 흔히 여성 리더들은 남성 리더보다 한 가지를 더 고민한다. 이 질문을 잘 받아 관계를 유지하고 싶다, 또는 너무 부드럽게 받으면 권위 없어 보이지 않을까 하는 마음이다. 사실 조직은 이미 여성 리더에게 서로 다른 기대를 동시에 걸고 있다. 공감해 주길 바라면서도 단호하길 원하고, 잘 들어주길 바라면서도 빠르게 결정하길 바란다. Gen Z의 질문 앞에서 여성 리더가 더 피곤해지는 이유다. 하지만 바로 그 지점이 여성 리더가 가장 강점을 발휘할 수 있는 자리이기도 하다.

IT 프로젝트를 진행하던 초기에 Gen Z 팀원들과의 협업이 적잖이 힘들었다. 회의 때마다 왜 이걸 해야 하는지, 더 효율적인 방법은 없는지를 묻는 질문이 이어졌기 때문이다. 솔직히 처음엔 도전적이긴 한데 버릇없다고 느꼈다. 질문이 곧 권위에 대한 도전처럼 느껴진 것이다. 그러다 관점을 바꿔봤다. 반항이 아니라 이해를 전제로 한 참여일지도 모른다. 나의 신입사원 시절에도 입 밖으로 내지 않았을 뿐 내가 했던 생각과 같았기 때문이다. 그래서 이렇게 회의를 시작했다. "오늘 우리가 논의할 주제의 목적은 신규 고객 유치율을 20% 높이는 겁니다. 궁금한 건 얼마든지 물어봐도 좋아요. 다만 질문은 이 목적을 더 잘 달성하기 위한 방향으로 해주세요." 질문을 막지 않았다. 대신 질문의 방향을 정렬했다. 그 이후 팀의 분위기는 확연히 달라졌다. 질문은 줄지 않았지만, 산만해지지도 않았다. 오히려 그 질문들이 프로젝트의 허점을 드러내고 더 나은 대안을 찾는 계기가 되었다. 성과는 눈에 띄게 좋아졌고 팀원 만족도도 함께 올라갔다.

이 경험은 Gen Z가 원하는 리더십의 본질을 보여준다. 권위로 따르게 하기가 아니라 이해를 전제로 함께 움직이게 하는 것. Gen Z의 질문은 대부분의 경우 반항이 아니다. 일을 미루기 위한 핑계도 아니다. 그들은 동시에 세 가지를 확인하고 있다. 이 일이 왜 필요한지, 어디까지가 내 책임인지, 그리고 내 기여를 제대로 보고 있는지. 이 질문을 '권위에 대한 도전'으로 받아들이는 순간 대화는 힘겨루기가 된다. 하지만 '설계 요청'으로 받아들이면 여성 리더가 이미 잘하는 영역이 열린다. Gen Z 앞에서 필요한 것은 더 강한 말이 아니라 관계를 해치지 않으면서 기준을 세우는 대화의 프레임이다. 그리고 그 프레임을 설계하는 일은 여성 리더가 가장 자연스럽게 해낼 수 있는 일이다. 그들과의 관계에서 여성 리더가 해야 할 일은 권위로 누르는 것도, 끝없이 설명하는 것도 아니다. 먼저 이렇게 말할 수 있는 용기다. "이 질문이 왜 중요한지부터 같이 정리해봅시다.", "이건 당신 책임이고, 이 지점은 내가 결정하지요.", "당신 의견이 이번 일에 어떤 영향을 주는지도 분명히 보이게 합시다." 이렇게 말하는 순간 질문은 더 이상 부담이 아니라 관계를 정렬하는 도구가 된다.

| 조율은 설명이 아니라 프레임을 세우는 일

리더에게 갈등 관리는 문제가 터진 뒤의 수습이 아니다. 갈등이 커지기 전에 관계를 정렬해 두는 일이다. 갈등은 없애야 할 대상이 아니다. 조직이 살아 있다는 증거이고 에너지가 흐르고 있다는 신호다. 중요한 것은 그 에너지가 한쪽으로 쏠려 폭발하지 않도록 흐름을 만들어주는 것이다. 리더는 흐름을 조율하는 사람이다. 억누르지도, 외면하지도 않고 서로 다른 생각과 의견이 같은 공간에 머물 수 있게 하는 역할이다.

건강한 조직은 완벽하게 일치하는 곳이 아니다.

다른 생각이 오가고, 때로는 부딪히기도 하면서, 그럼에도 다시 중심을 찾아가는 곳이다. 균형은 정지 상태가 아니다. 계속 흔들리면서 다시 중심을 찾아가는 과정이다. 여성 리더의 조율은 부드러움이 아니라 프레임이다. 눈치가 아니라 설계다. 그리고 그 힘은 갈등이 생겼을 때 보다 갈등이 커지기 전에 빛을 발한다.

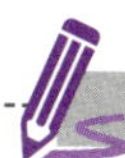

실천을 위한 한 마디

대립 상황에서는 누가 맞나 따지지 말고 뭐가 애매한지부터 정리해 보세요. 무엇을 조율해야 할지 명확해집니다.

4.
울타리 밖에서
만나는 '새로운 나'

　　리더의 일상은 생각보다 좁은 원 안에서 반복된다. 여성 리더는 더 그렇다. 하루 대부분을 회사 안에서 보내고, 점심은 팀원과, 회식은 동료와, 주말은 회사 행사나 자격시험으로 채워진다. 결혼과 육아까지 겹치면 '회사 밖의 나'는 일정표에서 가장 먼저 지워진다. 그 안에서 우리는 인정받고 역할을 잘 해내며 산다. 그러다 어느 날 문득 내 언어와 세계가 회사에만, 일에만 맞춰져 있다는 걸 깨닫는다. "팀장 되고 나서는 스피드가 전부였어요. 회의 몇 개만 다녀와도 오후가 되고 외부 네트워크나 공부는 다 사치로 느껴졌죠. 그런데 신입사원들과 얘기하다가 깨달았어요. 제가 예전에 답답해하던 '그 선배'가 되어 있더라구요." 여성 리더들에게 자주 들리는 이야기다.

조직 안에서는 '일 잘하는 사람'이지만, 그 조직에만 나를 가두고 세상과의 연결이 끊기면 우리는 능력이 아니라 시야부터 닳기 시작한다. 여성 리더에게 울타리는 단순히 업무의 문제가 아니다. 성과는 물론이고 관계와 평판까지 함께 관리해야 한다는 기대가 늘 따라다닌다. 야근을 하면 "가정은 괜찮아?"라는 말이 붙고, 회식을 빠지면 "팀 관리에 관심이 없나?"라는 시선이 따른다. 회사 밖 시간을 확보하는 일조차 종종 이기적 선택처럼 해석되기도 한다. 그래서 여성 리더는 울타리 안에서 더 오래, 더 성실하게 버틴다. 아이러니하게도 그 성실함이 세상과의 연결을 점점 좁히는 방향으로 작동한다.

| 울타리 밖의 사람들

사회학자 마크 그라노베타는 '느슨한 연결'을 통해 새로운 정보와 기회가 들어온다고 설명한다. 가까운 사람들과는 정보와 시각이 겹치기 쉽다. 내 유튜브의 알고리즘이 세상의 전부로 보이는 것처럼. 반면 가끔 만나는 사람들은 나를 전혀 다른 세계로 데려간다.

여성리더에게 이 연결은 선택이 아니라 생존 전략에 가깝다. 업무 몰입도가 높을수록 외부로 시선을 돌릴 여유는 줄어들지만, 느슨한 연결이 사라지면 새로운 인사이트와 혁신의 통로도 함께 닫힌다. 익숙함은 숙련을 준다. 하지만 지금처럼 변화가 빠른 시대에는 숙련만으로 방향을 읽기 어렵다. 그래서 의도적으로 낯선 자리에 나가야 한다. 거창할 필요는 없다. 일상에 작은 틈 하나면 충분하다. 그 예시로 내 주변의 사례들을 소개한다.

새벽의 공부방

내가 선택한 것은 출근 전 조찬 강연이었다. 같은 테이블의 사람들과 통성명을 하고 이야기를 나누었는데 내가 쓰던 용어와 말이 잘 안 통했다. 그런데 그게 좋았다. 내가 뭘 모르고 있는지 알게 되었기 때문이다. 그곳에서 만난 스타트업 대표와의 대화와 만남은 이후 협업으로 이어졌고 그 경험은 다시 일의 확장으로 돌아왔다.

저녁의 성장 모임

어떤 여성 팀장은 퇴근 후 격주 2회 인문학 수업을 들으며 말했다. "회사에선 늘 결과로 평가받는데 거기선 생각을 나누잖아요. 그런 토론을 하다 보니 회의 때도 다른 사람의 의견을 '틀렸다'가 아니라 '다르다'로 듣게 되더라구요." 사람을 보는 렌즈가 바뀌자 조직 내의 관계도 달라졌다.

느슨한 연결이 만든 협업

한 후배는 월 1회의 독서모임을 꾸준히 이어갔다. 한달에 한 권 책을 읽고 다른 사람들과 이야기를 나누는 곳이었다. 20대부터 60대까지 연령도 다양하고, 하는 일도 각양각색이었다. 같은 책을 읽고도 기억나는 부분이 서로 다르고, 이해가 다르고, 표현이 다른 데서 1권이 아닌 15권을 읽은 기분이었다. 게다가 발제를 하고 모임을 이끌어가는 클럽장에게서는 비난이나 독점이 아닌 진짜 토론을 진행하는 모습을 봤다. 거기서의 경험을 바탕으로 자사 브랜드의 리브랜딩 캠페인을 '다양성, 새로움, 성장'이라는 키워드로 성공시켰다. 혼자서는 절대 떠올리지 못했을 생각이었다.

| 여성 리더에게 관계는 '자원이다'

남성 중심 조직에는 여전히 네트워킹이 권력처럼 작동한다. 술자리나 골프장에서, 혹은 비공식적인 대화 속에서 중요한 결정이 오간다. 그 안에 포함되지 않으면 의사결정의 흐름에서 자연스럽게 배제되기도 한다. 반면 여성 리더들은 때로는 '일하는 엄마의 미안함', 때로는 "사적인 시간 확보' 등으로 이런 비공식적

네트워크에 참여하기 어렵다. 관계 확장은 종종 미뤄지고 그 자리를 '효율'이나 '책임감' '최선'이 대신한다. 하지만 리더십은 혼자 만들어지는 것이 아니다. 책 읽고 고민만 한다고 늘지 않는다. 직접 해봐야 잘하게 된다.

리더십 이론을 학습하고 그 중 하나의 리더십 스타일을 내 것으로 만들기로 했다고 그런 리더가 되진 않는다. 물론 모르는 것보다 분명 나을 것이다. 그러나 리더십은 정답이 없다. 상황에 따라 다르기 때문이다. 조직의 성격, 구성, 개인적 특성이 있어 같은 행동에 같은 답이 나오지 않는다. 리더십의 깊이는 얼마나 다양한 사람과, 얼마나 자주 대화하는가에서 나온다.

여성 리더들은 종종 이렇게 말한다. "인맥 관리 너무 싫어요. 그럴 시간에 팀원 한 명 더 챙기고 싶어요." 맞는 말이다. 여기서 말하는 것은 인맥 관리가 아니다. 중요한 것은 사람 수가 아니라 관점의 다양성이다. 직급이 올라갈수록, 한 회사에 있을수록 우리는 같은 언어, 같은 고민, 같은 해결 방식에 익숙해진다. 그 익숙함은 어느 순간 독단이나 매너리즘으로 바뀐다. 그래서 울타리 밖의 연결은 사치가 아니라 리더십의 근육을 키우는 일이 된다. 다양한 관점을 갖는 좋은 방법 중 하나가 울타리 밖으로 나가 느슨한 연결을 만나는 것이다. 내가 속한 울타리 밖에서 듣는 새로운 언어, 다른 업계, 다른 세계, 다른 배경의 사람들과의 대화가 리더로서의 감각을 다시 세우고 자신감을 준다.

| 울타리 밖에서 만난 '진짜 나'

회사 안에서는 우리는 늘 역할로 불린다. 팀장님, 부장님, 리더님. 하지만 회사 밖에서는 직함이 사라진다. 그곳에서 사람들은 어떤 사람인지 궁금해한다. 은퇴자들이 가장 어려워하는 것이 바로 이것이다. 소속이나 직함이 아닌 나를 어떻게 소개할 것인가? 일로만 평가받던 세계에서 벗어나 사람으로서의 자신을 생각해본 적이 없다면 절대 불가능하다. 이 질문은 은퇴 이후에만 만나는 것이 아니다. 지금부터 준비하지 않으면 어느 순간 나 자신을 설명하지 못하게 된다.

| 울타리를 확장하는 3단계

1단계: 관계의 지도를 그려보자. 최근 한달간 만난 사람을 적어보고 회사 안과 밖으로 나눠보자. 대부분이 내부라면 균형이 깨졌다는 신호다.

2단계: 한 달에 한 번, 다른 세계의 언어를 듣자. 업무와 무관한 강의나 전시, 포럼을 일정에 넣자. 낯섦이 생각을 흔든다.

3단계: 느슨한 연결을 유지하자. "지난 번에 했던 이야기, 아직도 기억나요." 이 한 문장이 다음 연결의 문이 된다.

| 내 세계가 넓어질 때 리더십도 자란다.

여성 리더들을 이야기할 때 전형적으로 말하는 단어들이 있다. '강하다, 단단하다, 씩씩하다, 전문적이다, 기가 세다, 자기만 안다, 경쟁심이 강하다' 같은 말들이다. 그러나 실상 여성 리더들을 세우는 것은 강함이 아니라 '확장력'이다. 단단한 울타리 안, 나의 조직에서 쌓은 힘은 나를 지탱해주는 근육이지만, 그 힘은 세상과 연결될 때 비로소 영향력으로 바뀐다. 조직 안에서의 성취가 '안정'이라면 조직 밖에서의 연결은 '성장'이다. 내가 속한 세계를 넘어 다른 세계와 만나고 다른 언어와 사고를 흡수할 때 리더십은 한층 더 유연하고 입체적으로 변한다. 많은 여성 리더들이 스스로를 단단하게 만들기 위해 애쓴다. 업무를 누구보다 꼼꼼히 챙기고, 빈틈없이 준비하고, 완벽한 결과를 내기 위해 노력한다. 그러나 팀을 이끄는 힘은 더 완벽해지는 데서 나오지 않고, 더 넓게 보는 데서 나온다.

조직은 점점 복잡해지고 이해관계자도 많아진다. 팀원이 경험한 것을 나는 모르고, 고객이 경험한 것을 팀원은 모른다. '나 혼자 얼마나 잘 버티느냐'가 아니라 '얼마나 다양한 관점과 사람을 연결해 문제를 풀어내느냐'가 중요한 이유다. 새로운 시장 변화를 읽어내는 사람, 고객 경험을 직관적으로 설명해주는 사람, 내가 모르는 기술의 흐름을 알려주는 사람. 이런 사람들과 연결된 리더는 같은 상황에서도 더 빨리 방향을 잡고, 더 정확한 결정을 내린다.

'울타리 밖에서 만나는 새로운 나'는 거창한 변화가 아니다. 내가 가진 시야를 조금 넓히는 일, 내가 몰랐던 세계와 사람들을 만나며 내 생각의 한계를 깨닫는 작은 경험에서 시작된다. 그리고 이것은 스스로에게 주는 선물이기도 하다. 울타리 밖은 가야만 하는 숙제가 아니라 자신을 알아가는 선물이다.

실천을 위한 한 마디

회사 밖 사람들을 만나야 더 큰 세상 속에서 내가 어떤 사람인지 이해하게 돼요.

다음과 같은 질문을 살펴보면서 스스로를 재점검해 보는 시간을 가져보세요. (최근 성취한 자신의 관계 이슈를 기준으로 답해보는 것이 좋습니다)

하이엔드 4D코칭	문항	코칭 질문
자기이해 1D	1	요즘 누구와의 관계가 가장 어려운가?
	2	그 사람이 왜 어렵게 느껴졌는가?
	3	이 관계에서 나는 어떤 사람으로 남고 싶은가?
환경탐색 2D	4	이 관계에서 나와 상대의 역할은 무엇인가?
	5	지금의 갈등은 무엇 때문에 생겼는가?
	6	우리 조직에서 '관계를 잘 다룬다'는 것은 어떤 모습인가?
행동 설계하기 3D	7	관계가 흔들릴 때, 나는 보통 어떻게 하는가?
	8	단호해야 할 때, 나는 어떻게 행동하는가?
	9	이 관계에서 아직 시도하지 않은 방법이 있는가?
지속적인 기회구축 4D	10	이 관계에서 내가 지켜야 할 선은 무엇인가?
	11	이 관계는 어떤 패턴을 반복하고 있는가?
	12	이 관계를 정리하려면, 지금 가장 먼저 해야 할 일은 무엇인가?

HIGH-END COACHING

5

맥락, 프레임을 바꾸면 판이 달라진다

　　조직에서 맥락을 읽는다는 것은 빙산의 일각만 보는 것을 넘어 수면 아래에 숨은 빙산의 전체 모습을 알아차리는 일이다. '누가 잘했고 못했는가'를 판단하는 것이 아닌, 어떤 방식으로 사람을 평가하고 배치하는가를 보는 것이다. 눈에 보이는 행동이나 말과 같은 의사결정 이면에 오랜 관행, 성별 차이, 권력 구조, 기대치가 어떻게 작동하는지를 인식하는 것이기도 하다.

　　조직에서는 종종 개인의 태도나 성향으로 설명되는 장면들이 있다. 그러나 조금만 더 들여다보면 그 장면 뒤에는 개인이 선택할 수 있는 폭을 제한하는 역할 배치, 기회를 나누어 갖는 방식, 평가 기준이라는 맥락이 숨어 있다.

'여자의 적은 여자'라는 말도 그렇다. 이 문장은 여성 개인 간의 문제처럼 들리지만, 실제로는 조직이 만들어 놓은 경쟁 구조와 희소한 기회 배분이라는 맥락을 지워버린 결과다. 여성에 대한 불편한 관점은 개인의 편견이 아니라 조직의 맥락 속에서 만들어지고 강화된다. 구조의 문제이기도 했고, 기준의 치우침이기도 했고, 조직의 성장과정에서 겪는 일이기도 했다.

모든 조직에는 암묵적인 성공 공식이 있다. 어떻게 일해야 인정받는지, 어떤 사람이 유능하다고 여겨지는지, 누구에게 리더의 기회가 주어지는지와 같은 공식들이다. 우리는 잘못된 편견 속에 만들어진 공식에 나를 끼워 맞추느라 애를 쓰고, 지치고, 절망감에 돌아선다. 이 장에서는 여성의 직장 경험을 통해 우리가 얼마나 자주 사람을 평가하면서 맥락을 놓치고 있는지, 그리고 그 오해가 어떻게 차별과 갈등으로 굳어지는지를 살펴보고자 한다. 조직을 이해하는 아이디어를 찾아보자.

새로운
성공 공식을 쓰자

과장으로 일하던 시절 다니던 회사가 예고 없이 폐업을 해 이직을 하게 되었다. 이직한 자리는 본사의 마케팅전략팀이었고 팀장 아래 차석의 위치지만, 업무는 완전히 새로 익혀야 했다. 회사가 초기 셋업 단계였기에 정신없었다. 업무를 익힐 수 있는 체계도 없었다. 그냥 부딪히면서 돌파해야 하는 상황이었다. 심지어 차석이었기에 난이도가 높은 업무를 맡아야만 했다. 그 중 가장 어려웠던 업무가 대외 파트너들과의 협상 업무였다. 그 업무는 회사의 수익에서 절대적인 비중을 차지하고 있었고, 협상이 늘 그렇듯이 논리적인 틀이 있다기 보다는 비공식적인 정보와 네트워크에 의해서 이루어지는 업무였다.

업무를 맡을 때 인사담당 임원은 "주요 협상 상대방이 대부분 '터프한 남성'들인데, 아무리 강단 있다고 해도 남성 위주로 짜인 은밀한 네트워크 안에서 비밀스럽게 돌아가는 일을 잘 해낼 수 있을까 걱정된다."라는 우려를 표했다. 내 능력이나 열정을 의심하는 말은 아니었지만, 회사 핵심 업무의 카운터파트너가 전부 남성이란 점이 걸린다는 의미였다. 그 시절 '터프하다'는 말은 술자리, 골프장 등에서 '형님-동생', '선배님-후배님'의 관계 맺기로, '끈끈하게'와 동의어처럼 쓰이고 있었으니 그런 우려도 과장은 아니었다.

여성으로서의 어려움은 회사 내부보다 오히려 외부 파트너와의 관계에서 더 크게 다가왔다. 상대가 남성일 경우 그 장벽은 더 높아졌다. 만약 외부 파트너들의 여성 비율이 높거나 성별 균형이 맞는 환경이었다면 훨씬 수월했을 것이다. 이런 차별은 누가 이도해서 만든 벽이 아니라 오래된 구조가 만든 그림자였다. 눈에 보이는 한 사람에 의한 차별이 아니라 구조에 의한 차별과 마주하는 순간이었다. 형체는 불분명하지만, 그 무게는 명확히 느껴졌다.

그 업계의 많은 남성들에게 유일한 여자였던 나를 각인시키는 것은 어렵지 않았다. 업계 사람들은 나를 금방 인지했고 호기심을 가졌다. 평상시 태도를 좀 더 호의적으로 했고 협상에 들어가면 명확한 논리와 명분을 가지고 설득했다. 아마도 비슷한 일을 하고 있었던 남자 팀장들도 그렇게 행동했을 것이다. 그러나 여자인 내가 그런 태도와 성과를 보여주니 그 성과에 대해서 더욱 긍정적인 평가가 따랐다. '여자인데 강단 있다', '보기와는 다르게 논리적이다' 등의 말도 이어졌다. 아마도 그들이 정의한 '터프한' 일을 잘 해낼 수 있을까 하는 의구심과 낮은 기대치에 대한 반사작용이었을 것이다. 긍정적으로 들리긴 했으나 유쾌하지 않았다. 낮은 기대치로 인해 '성과 대비 효과(contrast effect)'를 크게 만든 것뿐이다.

남성이 주류인 사회에서 나는 끊임없이 나 자신을 입증해야 했다. 그 과정은 거칠었고, 때로는 외롭고, 지난했다. 가장 기억에 남는 장면은 지역 영업본부 발령 때였다. 당시 본사 스텝들은 대부분 서울 근무를 선호했다. 특히 여성 관리자에게는 지역 근무가 현실적으로 어려웠다. 양육의 부담, 생활 여건의 제약, 그리고 조직 내 암묵적인 '배려'라는 이름 아래 여성 리더는 애초에 지역본부 발령 대상에서 제외됐다. 하지만 회의 때마다 들려오던 말이 내 마음을 불편하게 했다. "현장도 안 다녀본 사람이 뭘 안다고 그래?" 그 말은 단순한 질문이 아니었다. 조직 안에서 목소리를 내기 위해서는 '현장 경험'이라는 훈장이 필요하다는 뜻이었다. 그래서 나는 현장 경험을 위해 인사발령에 지원했다. 바로 기회가 주어지지 않았다. 3년쯤 지나서 기회가 왔는데 인사발령이 나기 2시간 전 대표님이 전화를 하셔서 진짜 갈 수 있냐고 다시 확인을 하기도 했다. 지역 영업본부에서의 시간은 쉽지 않았다. 본사에서 피상적으로만 알던 지역본부 사람들의 땀과 고생을 눈앞에서 마주하며 배워 나갔다. 그 경험으로 '본사형 관리자'가 아니라 '현장을 아는 리더'로 자리매김할 수 있었다. 남성들에게는 일반적인 지역본부 경험이 여성인 나에게는 확실한 차별점이 되었고 회사 안에서 대체 불가능한 상징성을 얻게 되었다. 돌이켜보면 이후 임원생활의 2~3년 정도는 이 경험이 있어서 감당할 수 있었다. 그 뒤에 회사에서도 지역 영업본부를 지원하는 본사 여성리더들이 생기기 시작했고, 그들은 나보다 더 훌륭한 성과를 냈다.

희소성은 강력한 차별화 요소이다. 희소성은 누

구나 가지고 있지 않은 고유한 자산을 뜻한다. 경제학에서 희소성은 가치의 근거가 되는 개념이고 리더십에서는 대체 불가능함으로 표현된다. 조직 안에서 희소성이란 다수의 관점 속에서도 자신만의 시각과 존재방식으로 조직의 문제를 새롭게 보고, 다른 방식으로 해결할 수 있는 역량을 의미한다. 차별의 시선은 불공정하지만, 임계점을 넘기게 되면 희소성은 대체불가능한 가치로 바꿀 수 있는 자산이 된다. 그리고 조직의 상징성이 된다. 차별이 차별화의 자원으로 바뀌게 되는 것이다. 오늘날 많은 기업에서 일정 비율의 여성리더를 확보하려고 노력한다. 여성인재의 활용이 기업에서도 여러가지 의미로 이익이기 때문이다. 여성이 다양한 분야에서 과감히 더 많이 도전했으면 좋겠다. 개인적 자산을 넘어 사회적 자산으로 의미가 있을 것이기 때문이다.

| 강점으로 만들 수 있는 여성에 대한 편견들

여성 리더에게는 몇 가지 고정된 이미지가 있다. '감성적이다', '단호함이 부족하다', '관계 중심이다', '돌봄에 익숙하다' 등의 말들은 오랫동안 여성 리더십을 상대적으로 약하게 인식하도록 만드는 언어로 쓰여왔다. 하지만 시선을 조금만 바꾸면 그 속에 리더십의 본질이 숨어 있다는 것을 알 수 있다.

'감성적'이라는 말은 공감 리더십의 핵심이다. 감정에 민감하다는 것은 사람의 마음을 읽을 줄 안다는 뜻이다. 그 공감력은 조직의 온도를 조율하고, 신뢰를 쌓는 가장 강력한 리더십 자산이다. '단호함이 부족하다'는 말은 신중하다는 말과 같이 다닌다. 충동 대신 숙고를 택하는 리더는 불확실성 속에서도 리스크를 줄이고 의사결정의 질을 높인다. 신중함은 리더의 신뢰도를 높여준다. '관계 중심'이라는 말은 협업 능력을 의미한다. 관계를 중시한다는 것은 사람과 사람 사이의 에너지를 이해한다는 뜻이다. 조직 내 다양한 관점을 연결하고 팀 전체의 시너지를 만들어낸다. '돌봄에 익숙하다'는 말은 육성 리더십의 시작이다. 사람을 돌본다는 것은 그들의 성장을 돕는 일이다. 여성 리더들은 구성원의 잠재력을 발견하고 성장의 과정을 세심하게 지원한다.

결국 여성 리더의 진짜 강점은 세상이 약점이라 부르던 특성 속에 숨어 있다. '감성', '관계', '돌봄', '수용' 같은 단어들이야말로 이 시대가 가장 필요로 하는 리더십의 새로운 언어다. 특히 AI가 인간의 많은 역할을 대체하는 시대에 '감성', '관계', '육성'이라는 특성은 대체되지 않을 중요한 특징이다. 오히려 이제 인간이 유일하게 할 수 있는 영역이라고 할 수 있다.

회사에서 직무와 직급이 바뀌어도 끊임없이 주어진 과제 하나가 있었다. 신입사원 멘토링, 승진자 교육, 경력단절 여성사원들 대상 강의, 핵심인재 스폰서 등 직원들을 육성하고 지원해 주는 역할이었다. 업무 외 일이었기에 바쁠 때는 버거운 일이기도 했다. 이 일을 한다고 업무가 줄어들지는 않았으니까 말이다. 누구보다 성과를 위한 일에 집중하고 싶고 성과를 내서 화끈하게 빛나고 싶다는 내 마음과는 달리 이런 일이 계속 주어졌던 이유는 아마도 내가 여성이었기 때문일 것이다. 여성은 관계 지향적이고 사람을 잘 돌본다는 편견이 일부 작동되었을 수도 있다. 이런 시각이 느껴질 때는 불편하고 짜증나기도 했다. 성과를 내는 사람으로, 주인공으로 보지 않고 남들을 빛나게 하는 조연으로 보는 것 같기도 했다. 그런데 지나고 보니 이 역할이 굉장한 혜택이라는 것을 알게 되었다. 후배 직원들에게 멘토링, 교육, 스폰서 같은 역할을 하다 보면 자연스럽게 회사 내에서 이들과의 단단한 네트워킹이 생긴다. 내가 굳이 노력하지 않아도 인사부서에서 나를 훌륭한 선배로 포장해서 소개를 해주니 그들에게 나의 신뢰는 그야말로 최고이다. 내가 굳이 별도의 노력을 들이지 않아도 자연스러운 기회가 주어지는 것이다. 또한 이런 교육이나 멘토링의 기회를 통해서 그들에게 전수해주어야 하는 나의 노하우를 수시로 정리할 수 있으니 이것도 부수적인 이득이었다. 직원들의 다양한 생각들이나 정서들도 감지할 수 있어 나의 조직관리에도 도움을 받을 수 있었다. 대체적으로 여성들이 이런 역할을 맡게되면 회사 이미지도 유연해 보이기 때문에 회사에서는 활용을 하려고 하는 편이다.

여성이 '관계를 잘 맺는다', '돌봄에 익숙하다'라는 편견은 잘만 활용하면 아주 좋은 차별화된 강점으로 만들 수 있다. 업무 외적으로 이런 기회가 주어진다면 적극적으로 받아들이고 더 나아가 전략적으로 해보겠다고 손을 들어보는 것도 좋다. 공식적인 네크워킹 자리를 잘 활용해보는 것을 추천하다.

| 관점을 바꿔보자

차별을 차별화된 영향력으로 바꾸기 위해서 아래 세 단계로 구분해서 실천전략을 수립해 보자.

첫째, 차별의 구조를 명확히 보는 것이 필요하

다. 차별을 개인적인 특징이나 관계로 해석하기 시작하면 그 사람에 대한 원망이나 자신에 대한 비난으로 몰고가서 감정적으로 힘들어진다. 그렇게 되면 해결방법을 찾기도 어려워진다. 따라서 표면으로 드러난 근원의 구조를 명확히 파악하는 것이 해결방법을 찾는 데 도움이 된다. 감정적 반응에서 벗어나 현실을 구조적으로 인식하고 불공정한 상황을 개인 탓으로 내면화하지 말자. 나만 겪는 일인가를 질문해보고 동료 여성, 타부서, 타 조직에서 비슷한 사례를 찾아보고 비교해보자. 같은 경험을 한 사람들과 이야기할 수 있는 피드백 네트워크를 확보해 보자.

둘째, 의미를 새롭게 정의해 보자. 약점과 강점은 손바닥의 앞뒷면이고, 빛과 그림자의 관계이다. 그러므로 자신이 약점이라고 인지하고 있는 것이 사실은 강점일 수도 있다. 무엇이 약점이고 강점인지 구분하는 기준은 사실 우리가 속한 사회가 만들어낸 지극히 주관적인 틀일 때가 많다. 결국 그 특징들을 맥락에 맞게 사용하고 과도하게 발현되지 않도록 조절한다면 나만의 차별화가 될 수 있다. 나를 둘러싼 편견과 약점을 재 정의해보고 수용할 것은 무엇인지, 개선할 것은 무엇인지 정리해보자. 조직 내에서 나만이 유일하게 제공할 수 있는 것은 무엇인지를 찾아 희소성을 자산화 해보자. '너무 감정적이야'라는 평가를 들었을 때 '그렇죠? 저는 구성원의 감정을 읽는 힘이 있습니다' 같은 전환형 응답을 해보자.

셋째, 차별을 차별화된 영향력으로 만들어 보자. 조직 안에서 소수 그룹에 대해 만들어진 차별을 자산화한 차별화는 개인의 것이 아니라 공동체의 것이다. 그러므로 경험의 자산들을 체계화하고 함께 나눌 수 있는 준비를 하는 것이 필요하다. 그렇게 되면 구조 안에서 이루어지는 차별을 파악하기도 용이해지고 활용 방법도 함께 모색하는데 도움이 된다. 차별의 경험을 전략적 자산으로 전환하여 희소한 경험을 대체불가능한 존재감으로 발전시키자. 성과나 프로젝트 결과를 문서화, 수치화하여 지속적으로 나만의 의미로 해석하고 증거를 쌓아 놓자. 희소경험을 나만의 스토리로 정리하고 글쓰기, 네트워킹 등으로 사회적 자산화 하는 기회를 갖자.

실천을 위한 한 마디

망치를 든 사람에게는 모든 게 두드려야 할 못으로 보인다지요? 렌즈를 바꾸면 문제가 아닌 맥락이 보입니다.

2.
여자의 적은
여자?

"미스 박, 여긴 왜 들어왔어? 여자가. 다른 데로 가, 다른 데. 편한 곳으로.", "여자가 영업하게? 술 먹고 찐하게 2차도 같이 가고 사우나도 같이 들어가야 하는데 할 수 있겠어?", "여자는 창구 업무가 위주야. 하다가 모르는 거 있으면 행원한테 물어보고." 라떼 이야기긴 하지만, 30여년 전 입사 첫 날 내가 직접 들었던 이야기들이다. 대학공부 4년을 마치고 똑같이 시험을 통과해서 직장에 들어와보니 남자 동기는 어엿한 이름 석자로 불리는데 나는 부모님이 정성껏 지어 주신 이름은 다 날아가고 그저 '미스 박'이었다. 한 달 여가 지나자 남자 동기는 업무를 맡았는데 나는 출근해 책상

닦고, 쓰레기통 비우고 멀뚱멀뚱 앉아 있다가 모닝커피, 점심 후 커피, 간식 커피까지 타다가 퇴근하는 것이 다였다. 일을 가르쳐주지 않아 토요일 반일 근무가 끝나면 퇴근하는 척했다가 다시 사무실에 들어와 몰래 캐비넷을 열고 선임들 노트를 뒤져가며 혼자 업무를 익혔던 기억도 있다.

6급 주사로 승진을 하고 사무실에 유일했던 여자 선배에게 인사를 갔을 때 그녀는 굳은 얼굴로 이렇게 말했다. "6급이라고 다 같은 6급이 아냐." 잘했다, 축하한다는 인사를 기대했던 나는 무어라 답을 해야 할지 몰라 놀란 눈으로 선배를 바라보다가 풀 죽은 소리로 간신히 "네."라고 답했다. 며칠 후 내내 마음에 걸려있던 이 일을 남자 선배에게 하소연하자 그 때 들었던 답은 "거봐, 여자의 적은 여자라니까!"였다. 맙소사!

| 문제는 구조, 이대로 괜찮을까?

물론 어느 조직이나 여성 간의 경쟁, 시기, 질투 등이 존재할 수 있다. 하지만 이는 여성이기 때문에 나타나는 특성이 아니다. 승진이나 도전 기회와 같은 주어진 자원이 제한적일 때 생기는 일반적 현상이다. 여성 간 갈등이 문제가 아니라 외부 환경의 불공정한 구조와

문화가 더 큰 문제인 것이다. 유일한 여성 선배가 유일한 여성 후배의 승진 결과에 편안하게 축하 인사조차 할 수 없었던 불편함은 어디에서 기인했던 것일까? '여자는 여자끼리 싸워야 해'로 여성들의 역량과 가능성을 제한해야만 했던 것은 무엇을 위해서였을까? 이런 현상을 존 윌리암스(Joan C. Williams)는 '줄다리기 편향(The Tug-of-War Bias)'이라는 개념으로 소개했는데, 여성에 대한 네 가지 성차별 편향 패턴 중 마지막으로, 조직 내에서 소수 여성들끼리 서로 경쟁하거나 거리감을 두게 만드는 구조적 긴장이라고 설명하고 있다. 소수의 자리와 한정된 기회 때문에 여성들끼리 서로 잡아당기며 경쟁하는 상황으로 이 편향은 겉으로는 '여성 간의 갈등이 여성의 문제'처럼 보이지만, 실제로는 조직 구조가 만들어낸 인위적인 경쟁 환경 때문에 생기는 현상이라는 것이다.

더크, 반 라 & 엘머(Derks, Van Laar, & Ellemers)의 '여왕벌 효과(Queen Bee Effect)'라는 실증적인 분석도 있다. 여성 리더가 여성 후배에게 냉정하거나 거리를 두는 현상인데, 이는 조직 내 여성 비율이 낮을수록 현상이 강하게 나타나며 여성 리더가 남성 중심 규범에 적응하면서 다른 여성과의 동일시를 피하는 전략을 취하게 된다는 것이다. 이런 현상은 결국 후배 여성들에게 '여성 리더는 도움이 안 된다'는 인식을 가지게 만든다고 한다.

시대가 달라지고 제도가 정착됨에 따라 조직 구성원으로서 여성리더들의 양적인 팽창은 일어나고 있으나 영향력 있는 여성리더의 출현은 아직도 개개인의 능력에 의존하며 소수의 성공에 만족하고 있는 수준이다. 좋은 정책이 목표한 바에 따라 제대로 효과를 보려면 어떤 '강제'와 '노력'이 있어야 할까? 불필요한 갈등과 경쟁을 조장하는 대신 조직이 좀 더 적극적으로 여성 자원의 상호 지원을 돕는 방법은 무엇이 있을까? 여성 구성원은 어떻게 구체적이고 직접적인 참여를 해야 할까? 내·외부의 네트워크를 구축해 나간다면 어떤 변화가 생길까?

| 구조를 이기는 견고한 파이프라인을 갖춰보자

34년간의 직장 생활을 되돌아보면 최대한 여자라는 것을 티 내지 않으려고 노력했다. 머리를 짧게 자르고, 바지를 입고, 똑같이 야근하고, 똑같이 술을 마시며 버텼다. '적어도 겉으로 드러나는 것에서만큼은 똑같이 해야지!', '보이지 않는 일의 양이나 성과는 2배는 더 해야지!'라는 생각이 완고했다. 이 곳에서 내가 '여자'라는 것은 최대한 드러내서는 안 될 나의 약점 같은 것이었기 때문이었다. "넌 여자니까 약자야."라고 말하는 사람은 없었지만, 본능적으로 남자처럼 생각하고 행동해야 살아남을 수 있다는 생각을 했던 것 같다. 이 불안을 같이 나누고 이야기할 사람은 주변에 없었다. 몇 안 되는 후배 여직원들에게는 더 엄하게 무엇이든 똑같이 해야 한다고, 일을 2배, 3배는 더 해야 비슷하게나마 평가될거라고 도움되지 않는 조언을 하기도 했다. 의지할 수 있는 여성 선배가 없었고, 그렇게 걸어왔기 때문에 답이라고 생각했다. 후배들이 잘 성장하기를, 뒤쳐지지 않기를 바라는 마음에 더 엄격하게 기준을 잡아줄 수밖에 없었다.

나의 불안을 이유로 그들도 불안하게 만들었다. 여자였기 때문이 아니라 구조적인 문제이자 사회문화에서 비롯된 것이란 걸 진작 알았더라면 좋았을 텐데, 각자의 불안으로 두려워하지 말고 서로의 길이 될 수 있는 방법을 찾았더라면 조금은 더 나은 직장 생활을 할 수 있었을 텐데 하는 아쉬움이 남는다. 그 시절에 비하면 너무도 많은 것이 달라졌음에도 조직의 구성원으로 살아가고 있는 우리들은 크게 달라졌다고 느끼지 못한다. 후배들은 이렇게 얘기한다.

"연차가 쌓이고 리더 자리에 근접할수록 승진이나 성과평가에서 뭔지 모르는 장벽이 느껴지곤 해요."

"육아휴직 후에 돌아온 직장에 적응하기가 쉽지

않아요. 뭔가 변화된 것들도 많고 교육도 좀 필요한데.”

“직장 내 따르고 싶은 롤모델이 거의 없어요. 있다해도 쉽게 소통할 수 있는 자리가 마련되는 것도 어렵고.”

“원하는 업무가 외근이 많고 사람들을 많이 대해야 해서 그런지 기회가 주어지지 않으니 흥이 나질 않네요.”

이런 바람과 아쉬움을 어떻게 하면 좀 더 효과적으로 해결할 수 있을까? 겉으로 드러나지 않지만 빙판 아래를 움직이고 있는 장벽을 뛰어 넘는 방법은 없을까? 개인의 성장을 넘어 조직의 성과로 이어지게 하는 방법은 무엇일까? 리더로 성장하기 위한 구체적인 실행지도를 만들고, 여성의 라이프사이클을 고려하며, 이론만이 아닌 실제 활용할 수 있는 노하우를 나누고, 원하는 기회를 경험할 수 있도록 하기 위해서는 다음과 같은 과정이 필요하다.

첫째, 자신의 현재를 점검하고 잠재력을 발견(Emerging Talent)하는 것이다. 삶에서 의미 있게 기억되는 것은 무엇인가? 어떤 성공, 어떤 어려움이 있었는지, 어려움을 이겨낸 나의 힘은 무엇이었는지 깊이 있게 성찰해 본다. 자기 인식 워크숍이나 강점진단 등을 통해 구체적인 자기 성장의 청사진을 작성해 본다. 조직의 MVC(Misson, Vision, Core value)와 자신의 가치를 정렬하는 작업이 병행된다면 명확한 목표의식을 갖고 나아갈 수 있도록 돕는 지도로 활용할 수 있다. 성장 단계가 달라질 때 새로운 시작점 마다 수행해 보는 것이 필요하다. 결과물 역시 조금씩 달라지는 것을 확인할 수 있다.

둘째, 리더십의 성공 경험을 축적(Leadership Accumulate)하는 것이다. 목표의식과 동기부여에 따른 추진력을 갖추었다면 이제 크고 작은 성공 경험을 쌓아 나갈 차례다. 처음부터 권한이 주어지지는 않는다. 모든 일이 성공적으로 마무리되거나 인정받을 수는 없지만, 노력과 시간이 축적되어 있다면 그것은 이미 성공이다. 성공 요인이 무엇이었는지를 살피고, 실패에 대해서도 철저하게 원인을 파악하고, 시뮬레이션을 통해 성공의 이미지로 완성해 보자. 주어지는 업무 기회에 적극적으로 참여하고 동료를 도와서 함께 성과를 내는 법을 배워야 한다. 실수가 많은 가장 힘든 시기일 수 있다. 그러나 계속 나아가자. 잘 해내려는 자신의 긍정 의도를 믿어야 한다.

셋째, 조직 내 관계기반의 영향력과 네트워크를 강화(Influence & Networking)하는 것이다. 이 단계부터 집중해야 하는 관점은 '우리'다. 실수와 실패를 과감하게 드러내 보이되 그 일을 통해 무엇을 더 새롭게 할 수 있었는지 어떤 역량을 갖추었는지 명시해야 한다. 리더는 함께 잘 하도록 만드는 사람이다. 경험과 역량을 나만의 것으로 두지 않고 구성원들과 공유하여 함께 배움으로써 그 영향력을 확장해야 한다. 우리 조직만의 독특한 맥락을 읽어 활용할 수 있다면 영향력과 네트워킹의 힘은 더 단단해진다.

넷째, 자신의 역량을 확장(Capability Enhancement)하는 것으로 이것은 곧 전문성을 갖추는 것이다. 빠르게 변화하는 조직 환경 속에서 리더로 자리매김하기 위한 노력 또한 멈춰서는 안 된다. 현재 갖춘 업무 전문성을 무엇과 연계하여 재구성하고 확장할 것인지 환경 변화의 맥락을 짚어 설계할 수 있어야 한다. 잘하는 실무자의 모습에서 벗어나 협업과 새로운 역량을 발견하는 학습 민첩성과 경험의 확장이 있어야 한다.

다섯째, 지속적인 성장(Enduring Elevation)이다. 이 단계의 성장은 좀 더 근원적인 변화에서 시작한다. 목표를 달성한 것으로 끝나는 것이 아니라 달성된 목표를 유지하고 새로운 도전을 위한 환경을 조성하는 것이다. 성장 경험을 토대로 조직에 기여하고, 구성원들에게 나누며, 그 과정에서 축적된 것을 재도약의 발판으로 삼는 성숙한 발전을 해 나가는 단계다. 한 단계 더 높은 가치로의 성숙이어야 한다.

위에서 살펴본 다섯 개의 파이프라인은 책임과 역할에 따라 필요한 파이프라인을 선택할 수 있다. 특히 첫 번째 파이프 라인은 역할과 책임에 따라 달라지는 상황에 적응하기 위해서 새로운 업무나 지위를 맡았을 경우 다시 정비하는 베이스캠프와 같은 개념이다. 다음 단계로 성장하기 위해 필요한 진단과 자기 성찰을 하는 단계이기도 하다. 블럭처럼 필요한 위치에 필요한 파이프라인을 꽂아 활용해보기 바란다.

무엇이 어떻다는 한계를 개인에게 지우는 관점은 어떤 성장에도 도움이 되지 않는다. 먼저 용기내고 한 발 더 나아가려는 사람들이 맞닥뜨리는 도전과제에 함께 참여할 수 있는 구조가 필요할 뿐이다. 힘겨운 도전에 직면하는 모두의 순간에 우리는 '내 편'이 되어줘야 한다. '여자의 적은 여자'라는 표면 아래 흐르는 자원의 불균형과 기회의 제한이라는 맥락을 바꾸자.

당신의 진짜 적은 무엇입니까?

비교 OFF,
자신감 ON

리더가 된다는 것은 '위로 올라간다'라기 보다는 '누군가를 이끈다'는 의미에 가깝다. 물론 어느 자리에서든 승진은 그동안의 노력과 능력을 인정받는 것이므로 기쁘다. 그러나 동시에 전환점에서 만나는 감정은 의외로 '두려움'이다. '과연 리더로서 충분한가?', '사람들이 나를 따를까?', '내 결정은 옳은 걸까?' 이런 질문들이 계속되면 자신감은 조금씩 갉아 먹힌다.

| 같은 발표, 다른 평판

여성 리더들은 자신감에 대해 말할 때에도 "제가 아직 부족해서 그래요."라고 말한다. 왜 그렇게 말할까? 로라 길런(Laura Guillen, 2018, HBR)의 연구에 따르면 남성과 여성의 자신감의 수준은 비슷하지만, 같은 표현을 했을 때 사회적 반응이 다르다고 한다. 문제는 자신감이 아니라 자신감을 불편해하는 구조다. 남성이 자신 있게 말하면 리더십으로 평가되지만, 여성이 똑같이 말하면 '공격적', '자기중심적'으로 받아들인다. 결국 여성은 내가 어떻게 보일까를 계속 의식하며 스스로의 표현을 조절하게 된다. 따라서 여성의 자신감 부족은 진짜 부족해서가 아니라 자신감이 불편하게 해석되는 환경 속에서 길러진 결과이다. 그래서 많은 여성들이 겸손이라는 언어로 스스로를 지키지만, 그것은 존재의 크기를 줄이기도 한다.

신제품 출시 전략을 설명하는 회의에서 남자 상무는 목소리를 높여 말했다. "이 타이밍을 놓치면 우리는 이 시장에서 1년 이상 놓치게 됩니다. 좀 더 타이트하게 진행해서 꼭 이번 분기 안에 출시합시다." 회의는 끄덕임으로 마무리되었고, "역시 결단력 있어. 리더는 리더야."라는 평을 들었다. 며칠 후 같은 회의에서 여자 상무가 비슷한 발언을 했다. "지금 멈추면 시장에서의 성장 모멘텀을 잃게 됩니다. 꼭 실행해야 합니다." 회의가 끝난 후 회의실에서 나오며 누군가 이야기

한다. "오늘 되게 세게 얘기하던데? 날이 서 있더라고." 리더십과 공격성 사이, 해석의 차이. 그것이 구조가 만든 첫 번째 벽이다.

내가 HR 임원으로 있었던 회사는 직원의 85%가 여성이었다. 그들의 문화는 이전의 경험과는 확연히 달랐다. "이거 하겠습니다.", "할 수 있습니다.", "하고 싶습니다."와 같은 말과 태도가 자연스럽고 긍정적으로 받아들여졌다. 물론 여기에서도 개인적 기질과 성향은 작용했다. 그러나 이곳에서는 그것을 개인의 차이로만 봤을 뿐 여자니까, 남자니까 하는 성의 구조로 대하지는 않았다. 나는 회의에서 주로 팀원들에게 발언권을 주었다. 결정을 내릴 때는 짧고 명확하게 정리하지만, 화를 내거나 목소리를 높이는 일 없이 감정을 드러내지 않았다. 우리 팀은 늘 성과가 좋았지만, 인사평가에는 이런 평가가 붙었다. '팀 분위기는 좋지만, 리더십 존재감이 약하다.' 같은 방식으로 회의를 진행하는 남성 팀장의 "침착하고 안정감 있다."는 평가와는 상반된다. 이런 사례들이 보여주는 것은 단순한 불평등이 아니라 '같은 행동을 다른 프레임으로 해석하는 문화'다. 나에게 필요한 것이 자신감을 올리는 것인지, 자신감을 표현하는 것인지 들여다보자.

| 비교는 리더의 에너지를 갉아먹는다

　　임원이 되면 비교가 줄어들 것 같지만 사실은 훨씬 많아진다. 성과평가, 조직이동, 사내외 언론 노출, 업계 인터뷰 등 리더가 될수록 '비교의 장면'은 늘어난다. 리더들도 매일 누가 더 주목받는지, 누가 더 빠르게 승진했는지, 누가 더 큰 조직을 맡았는지, 누가 더 인정받는 리더로 불리는지 등으로 자신을 다른 리더들과 견준다. 이런 비교는 처음엔 자극이 되지만, 곧 불안을 키우고 에너지를 소모시킨다. 비교는 '성장을 위한 경쟁'이 아니라 '존재를 끊임없이 검증받아야 하는 피로'로 변한다. 리더십이 흔들리는 순간은 대부분 이 때 찾아온다. 성과에 집중하기보다 평가를 의식하게 되고, 잘하려는 마음보다 '덜 비교받으려는' 마음이 앞선다. 그러다 보면 결국 리더십의 방향을 잃는다. 비교의 축을 '남보다 잘하느냐'에서 '사람들에게 어떤 의미를 남기느냐'로 옮기자. 남보다 좋은 리더가 아니라 사람들에게 의미 있는 리더가 되기로 결정하는 순간, 비교는 힘을 잃고 밖으로만 향하던 에너지는 제자리로 돌아온다. 심리학에서는 인간이 자신의 능력과 가치를 평가할 때 타인과의 비교를 통해 판단한다고 말한다. 비교는 본능이다. 하지만 리더십의 자리에서 이 본능은 불안으로 전환되기 쉽다. '상급으로의 비교'는 자극과 동기를 줄 수 있지만, 비교가 반복되면 나는 저 사람보다 부족하다는 자기 비하를 낳는다. '하급으로의 비교'는 일시적인 우월감을 주지만, 결국 성장의 의지를 약화시킨다. 리더에게 필요한 것은 비교가 아니라 '자기 기준'이다. 자신의 성장곡선을 타인의 타임라인과 비교하지 않는 것. 이것이 리더로서의 내적 균형을 만든다.

| 여성 리더의 비교는 두 겹으로 작동한다

여성 리더들은 남성과의 비교뿐 아니라 '다른 여성 리더와의 비교' 속에서도 압박을 받는다. 이것은 단순히 경쟁이 아니라 '이상적인 여성 리더'라는 사회적 기대와의 싸움이다. '그 사람은 부드럽게 리더십을 발휘하는데 나는 너무 직설적인가?', '그 사람은 워킹맘으로도 완벽하던데 나는 균형을 못 잡고 있나?', '그 사람은 감정조절이 뛰어나던데 나는 너무 솔직한가?' 이런 질문은 자신을 점검하기 위한 것이 아니다. '어떤 리더여야 한다는 틀'에 맞추기 위한 자기검열 쪽에 가깝다. 심리학에서는 이를 '이중 구속(double bind)'이라 부른다. 한 쪽 기준을 충족하면 다른 쪽에서 비판받는 구조다. 단호하게 말하면 '너무 세다'고 하고, 부드럽게 말하면

'리더십이 약하다'고 평가한다. 이 모순된 기준은 여성 리더를 끊임없이 '균형'이라는 이름의 불가능한 기준 속에 가둔다.

2023년 HBR 기사인 「The Double Bind Dilemma for Women in Leadership」에 따르면 여성 리더들이 조직 내에서 '유능함'과 '호감도' 사이에서 항상 줄타기를 한다고 분석했다. 남성은 유능함이 높을수록 호감도도 함께 상승하지만, 여성은 유능함이 높을수록 호감도는 오히려 낮아진다. 즉, 잘하면 불편해지고 조용하면 존재감이 사라지는 구조다.

| 진짜 자신감은 '다름'을 견디는 힘이다

리더로서의 자신감은 '남과 다르게 해도 괜찮다'는 확신에서 온다. 진짜 리더십은 '나답게 하는 방식'을 믿는 것이다. 부드러워도 좋고 단호해도 좋다. 문제는 방식이 아니라 그 방식이 '진심에서 비롯되었는가'다. 회사 밖으로 나와 보니 조직에 있을 때보다 더 많은 여성 리더들을 본다. 목소리 큰 사람, 우아하게 차분한 사람, 논리구조가 확실해서 표현이 명확한 사람, 주변 사람을 가족처럼 잘 챙기는 사람. 여성 리더라면 왠지 드세고 강할 것 같다는 편견이 내게도 있었음을 지금도 계속 배우고 있다.

칼 로저스는 사람은 자신이 진짜로 느끼는 것을 부정할 때 병이 들고, 자신이 느끼는 것을 진실하게 표현할 때 성장한다고 했다. 리더의 '자신감'은 카리스마나 외향성보다 '일치성'에서 비롯된 신뢰감이다. '내가 진짜 믿는 가치'를 행동으로 일관되게 보여줄 때 구성원은 안정감을 느낀다. 반면 '조직이 원하는 리더 모습'을 억지로 연기할 때 스스로는 물론 구성원들 역시 불일치가 생기고 피로감이 쌓인다. 타인의 평가가 아닌 자기 내면의 기준에 맞는 리더십을 선택할 때 비교는 의미를 잃고, 존재는 단단해진다.

| 리더십은 성별의 언어가 아니라 사람다움

우리에게는 오래된 공식이 하나 있다. 강하다는 것은 권위와 냉정함을 상징하며 부드럽다는 것은 배려나 약함의 다른 말인 것처럼 여기는, 잘못된 공식이다. 부드럽지만 단단한 리더, 단호하지만 따뜻한 리더. 그 두 가지는 선택해야 하는 항목이 아니라 공존할 수 있는 개념이다. 리더십의 본질은 남성다움, 여성다움이 아니라 '사람다움'에 있다. 진심으로 사람을 대하고, 관계를 존중하며, 성과와 배려를 함께 세울 때 여성 리더는 더이상 '비교'의 늪에서 벗어나 새로운 리더십의 기준을 만들어가는 주체가 된다. 이제 비교의 스위치는 끄고 나다움을 세우는 자신감 스위치를 켜자.

실천을 위한 한 마디

100명의 리더가 있다면 100가지의 리더십이 있죠. 흉내내지 마세요. 당신이 만드는 리더십의 기준은 당신의 조직과 구성원들입니다.

판을 제대로 읽는
언니를 활용하자

"김 팀장, 커리어 고민 있으면 언제든 말해요."
임원 멘토링 프로그램에서 배정받은 멘토 임원이 첫 만남에서 건넨 말이었다. 고마웠지만 알고 있었다. 저 사람에게는 진짜 고민을 말할 수 없다는 것을.

"임원 승진을 앞두고 있는데 솔직히 자신이 없어요."

"우리 팀에 문제 있는 직원이 있는데 어떻게 해야 할지 모르겠어요."

"남편이 제 커리어에 부정적이라 집에서 싸움이 잦아요."

이런 말들을 과연 임원 멘토에게 할 수 있을까? 그럴 수 없었다. 멘토는 분명 좋은 사람이었고 진심으로 도와주려 했지만, 우리 사이에는 보이지 않는 선이 있었다. 평가권자일 수도 있고, 조직 내 위계일 수도 있고, 혹은 그저 '완벽해 보이는 사람 앞에서 약점을 드러낼 수 없다'는 심리적 장벽일 수도 있다.

내게 필요한 것은 멘토가 아니라 '언니'였다. 조직 내 이해관계에서 자유롭고 비슷한 길을 먼저 걸어본, 그래서 진짜 현실적인 조언을 해줄 수 있는 사람. 격식 없이 "야, 그거 나도 똑같았어. 진짜 힘들지?"라고 말해줄 수 있는 사람 말이다. 진짜 '언니'를 만난 것은 우연이었다. 업계 포럼에서 만난 타사 임원 출신 장OO 대표. 같은 테이블에 앉아 명함을 나누고 가벼운 인사를 나눈 게 전부였는데 이상하게 편안한 느낌이 들었다. 몇 주 후, 용기를 내 메시지를 보냈다.

"혹시 커피 한잔하실 수 있을까요? 조언을 구하고 싶어서요."

카페에서 만난 장 대표는 나의 이야기를 묵묵히 들어줬다. 임원 승진을 앞두고 있다는 것, 하지만 준비가 안 된 것 같아 불안하다는 것, 특히 전략적 사고가 부족한 것 같다는 자기 의심까지. 그리고 이내 입을 열었다.

"나도 똑같았어요. 팀장 5년 차 때 승진 대상자

명단에 올랐다는 소리 듣고 한 달 내내 잠을 못 잤어요.” “정말요? 하지만 대표님은 그런 것 같지 않은데요.” “그게 다들 그렇게 생각해요. 리더는 원래 자신감 넘치고, 모든 걸 다 알고, 흔들림 없는 사람이어야 한다고. 근데 그건 판타지예요. 진짜 리더는 불안하면서도 앞으로 가는 사람이에요.”

우리의 대화는 3시간 넘게 이어졌다. 장 대표는 멘토처럼 해야 할 것들의 목록을 주지 않았다. 대신 자신의 실수담을 솔직하게 나눠줬다. “전략 기획 발표할 때 임원들 앞에서 완전히 말아먹은 적 있어요. 준비는 빡세게 했는데, 정작 그들이 원하는 답은 전혀 다른 레벨이었던 거죠. 그 날 회의실 나오면서 진짜 눈물 날 뻔했어요.” “그때 어떻게 하셨어요?” “다음 날 임원 한 분 찾아가서 물어봤어요. ‘제가 뭘 놓친 건가요?’라고. 그분이 진짜 리얼하게 알려주더라고요. ‘당신은 실행 계획은 완벽한데, 왜 그걸 해야 하는지에 대한 큰 그림이 없어.’라고요. 그게 전환점이었죠.” 순간 깨달았다. 내게 필요한 것은 완벽한 답이 아니라 ‘나도 그랬어’라는 공감과 ‘그래서 나는 이렇게 했어’라는 현실적 경험담이었다는 것을.

하버드 비즈니스 스쿨의 프리실라 클라만(Priscilla

Claman) 교수는 2021년 연구에서 멘토링과 스폰서십, 피어 코칭의 차이를 아래와 같이 구분했다.

> **멘토링**: 경력 선배가 조언과 방향을 제시 (하향식, 공식적)
> **스폰서십**: 영향력 있는 사람이 기회와 연결을 제공 (권력 기반)
> **피어 코칭**: 비슷한 위치의 동료가 경험을 나누고 지지 (수평적, 비공식적)

흥미롭게도 여성 리더들의 성장에 가장 큰 영향을 준 것은 '피어 코칭'이었다.

2022년 맥킨지의 'Women in the Workplace' 보고서에 따르면 관리자급 여성 중 74%는 커리어 발전에 가장 도움이 된 존재로 '같은 고민을 나눌 수 있는 동료 또는 선배'를 꼽았다. 반면, 회사가 운영하는 공식 멘토링 프로그램에 대한 만족도는 45%에 머물렀다. 왜 이런 차이가 생길까? 2023년 연세대학교 리더십연구소의 연구는 그 이유를 세 가지로 설명한다.

첫째, 심리적 안전감의 차이다. 공식적인 멘토-멘티 관계에서는 평가받고 있다는 느낌 때문에 '잘 보여야 한다'는 압박이 작동한다. 그러나 피어 관계에서는 약점과 불안을 비교적 편안하게 드러낼 수 있다.

둘째, 맥락의 유사성이다. 비슷한 시기에, 비슷한 직급에서 겪는 고민은 세대와 경로가 다른 멘토에게는 충분히 전달되기 어렵다. 같은 시대적 환경을 통과하고 있는 사람의 조언이 더 와닿는 이유다.

셋째, 조언의 실용성이다. "당신도 할 수 있어요."라는 격려보다 "나도 그랬는데 이렇게 해결했어."라는 경험 기반의 조언이 훨씬 구체적이고 실행 가능하다.

특히 여성 리더의 경우 이러한 경향은 더욱 뚜렷하게 나타난다. 성과와 관계, 자기 검열과 책임이 동시에 작동하는 환경에서 공감 가능한 경험을 나누는 동료의 존재는 단순한 위로를 넘어 실질적인 성장 자원이 되기 때문이다.

런던 비즈니스 스쿨의 연구에 따르면 남성 관리자는 조직 내 멘토링으로도 충분한 지원을 받는다고 느끼는 반면(67%), 여성 관리자는 조직 외부의 비공식 네트워크에서 더 실질적인 도움을 받는다고 답했다(71%). 이렇게 차이가 나는 이유는 무엇일까? 여성 리더들은 남성 중심적 조직 문화에서 고유한 어려움을 겪지만, 이를 조직 내 멘토에게 터놓고 말하기 어렵기 때문이다. '육아와 커리어의 균형', '유리천장에 대한 좌절', '일터에서의 성차별 경험' 같은 주제들은 공식적 멘토링 자리에서 다루기 힘들다.

업무 현장에서 받는 지원은 사실 성격이 다르다. 나는 이를 세 가지 층위로 정리해보았다.

첫째, 업무 스킬과 전략이다. 보고서를 어떻게 쓰는지, 어떤 선택을 해야 하는지, 성과를 어떻게 설계해야 하는지에 대한 조언이다. 이 영역은 경험 많은 멘토가 충분히 도와줄 수 있다.

둘째, 조직의 맥락과 관계 관리다. 누가 영향력을 가지고 있는지, 지금 조직의 흐름이 어디로 향하는지, 어떤 타이밍에 움직여야 하는지에 대한 통찰이다. 이 부분은 조직 안에서 힘의 구조를 아는 선배나 스폰서가 실질적인 도움을 준다. 그러나 내가 가장 절실히 필요로 했던 것은 세 번째였다.

셋째, 내면의 갈등과 자기 의심을 다루는 지원이다. '내가 잘하고 있는 걸까?', '괜히 나섰다가 불이익을 받는 건 아닐까?', '왜 이렇게 지치는 걸까?' 이 질문들은 전략의 문제가 아니라 감정과 정체성의 문제다. 그리고 이 영역은 공식적인 멘토링 자리에서는 잘 다뤄지지 않는다. 내게 필요했던 것은 격식 있는 조언이 아니라, 커피 한 잔을 앞에 두고 "솔직히 말하면…"이라고 털어놓을 수 있는 관계였다. 그렇다면 어떻게 그런 사람을 만나고, 또 그런 관계를 만들어갈 수 있을까? 나의 경험과 전문가들의 조언을 바탕으로 네 가지 액션 포인트를 제안한다.

첫째, 멘토 찾기가 아니라 진짜 대화할 사람 찾자. 많은 사람들이 '훌륭한 멘토'를 찾으려 한다. 성공한 사람, 유명한 사람, 나를 도와줄 수 있는 영향력 있는 사람. 하지만 그런 사람일수록 진짜 속마음을 나누기 어렵다. 대신 이런 질문을 해보자. '이 사람 앞에서 내 약점을 솔직히 말할 수 있는가?', '이 사람은 자기 실패담을 편하게 나눌 만큼 솔직한 사람인가?', '이 사람은 조언해주려 하기보다, 내 이야기를 먼저 들어줄까?' 우리가 연결된 것은 그가 임원이어서가 아니라 첫 만남에서 느껴진 '진정성' 때문이었다.

둘째, 조직 밖에서 찾아보되 '같은 언어'를 쓰는 사람으로 찾자. 조직 내 멘토의 문제는 이해 관계다. 아무리 좋은 관계라도 평가나 승진에 영향을 줄 수 있는 사람 앞에서는 온전히 솔직해지기 어렵다. 외부에서 찾되 완전히 다른 업계보다는 '비슷한 맥락'을 이해하는 사람이 좋다. 예를 들어 같은 업계 타사 리더, 같은 직무를 경험한 선배 (이직한 경우), 같은 단계를 거쳐 간 프리랜서 또는 창업가가 효과적이다. 장대표는 타사에 있었지만, 같은 업계에서 팀장부터 임원을 거쳤기에 나의 맥락을 이해할 수 있었다.

셋째, '조언 구하기'보다 '경험 나누기'로 시작하자. 첫 만남에서 "조언 좀 해주세요."라고 하면 상대는 '조언자' 모드가 되어 버린다. 대신 이렇게 시작해보자. "OO님도 팀장에서 임원 되실 때 어떠셨어요? 저는 지금 이런 게 어려운데, 혹시 비슷한 경험 있으신가요?" 질문이 아니라 경험 공유의 틀로 대화를 시작하면 상대는 '가르치는 사람'이 아니라 '동료'로서 이야기하게 된다. 그리고 그 순간 진짜 이야기가 시작된다.

넷째, 주고받는 관계를 만들자. 멘토-멘티는 일방적이지만, 언니-동생은 상호적이다. 당신이 조언을 받기만 하는 사람이 되면 그 관계는 오래가지 못한다. 나 역시 조언을 받는 동시에 내 영역에서 도움을 줄 방법을 찾았다. 예를 들어 업계 최신 트렌드 정보를 공유하거나 유용한 아티클이나 책 추천, 대표가 관심 있어 하는 주제에 대한 인사이트 같은 조언이었다. "제가 최근에 읽은 HBR 아티클인데 대표님이 말씀하신 주제랑 관련 있어서 공유해요." 이런 작은 기여들이 쌓이면 관계는 '도움받는 사람'에서 '함께 성장하는 동료'로 진화한다.

당신에게 필요한 것은 완벽한 멘토가 아니라 불

완전함을 나눌 수 있는 사람이다. 리더십의 외로움은 '모든 걸 혼자 감당해야 한다'는 착각에서 온다. 하지만 진짜 리더는 도움을 구할 줄 아는 사람이다. 특히 격식 없이, 진짜 고민을 나눌 수 있는 '언니'를 찾는 것은 약함이 아니라 지혜다. 장대표가 마지막으로 해준 말이 있다. "김팀장님, 저도 지금 제 '언니'가 있어요. 저보다 5년 먼저 대표가 된 사람. 아직도 힘들 때마다 전화해요. 리더가 된다는 건 혼자가 되는 게 아니라 새로운 동료를 찾는 거에요."

지금 당장 그런 사람이 없다면 찾아 나서 보자. 용기를 내서 먼저 연락해보는 것이다. "커피 한잔하면서 조언 좀 구하고 싶어요."라고 말하는 것부터 시작하자. 그리고 기억하자. 언젠가는 당신도 누군가의 '언니'가 될 것이라는 것을. 당신이 받은 솔직함과 공감을, 다음 사람에게 전하는 것. 그렇게 우리는 서로를 성장시키며 함께 올라간다. 리더의 길은 외롭지만, 혼자 걷는 길은 아니다.

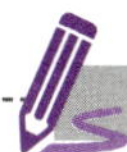

실천을 위한 한 마디

서로의 맑은 거울이 되어주세요. 환한 웃음도, 작은 티끌도 모두 비출 수 있는.

다음과 같은 질문에 선택 및 체크해보면서 스스로를 재점검해 보는 시간을 가져보세요. (최근 자신의 개인 및 공적 고민들을 기준으로 답해보는 것이 좋습니다)

하이엔드 4D코칭	문항	코칭 질문
1D 자기 이해하기	1	지금 내가 겪는 어려움이 실력 때문인가, 아니면 속한 환경 때문인가?
	2	① 나답지 않게 행동할 때는 언제인가? ② 그때 나에게 보여지는 패턴(Good/Bad)은 무엇인가?
	3	이 조직에서 살아 남으려고 숨긴 나의 강점은 무엇인가?
2D 환경 탐색하기	4	조직의 공식적인 평가 기준과 실제 승진 기준의 차이는 어떤 것이 있는가?
	5	① 우리 조직에서 해야 할 것과 하지 말아야 할 것은 무엇이라고 생각하는가? ② 그것은 어떠한 기준에서 그렇게 생각했는가?
	6	① 우리 조직에서 '일 잘한다'는 기준은 어떤 것인가? ② 그것에 대한 본인의 생각은 어떠한가?
3D 행동 설계하기	7	나의 강점을 다양한 동물 중 하나로 비유한다면, 무엇으로 비유할 수 있는가? 이유는 무엇인가? 조직에서 그 강점을 어디에 생산성 있게 사용할 수 있는가?
	8	① 맥락(환경)의 벽을 넘는 가장 빠른 방법은 무엇인가? ② 또 다른 방법은 없는가?

하이엔드 4D코칭	문항	코칭 질문
3D 행동 설계하기	9	① 내가 바꿀 수 있는 것은 무엇인가? ② 내가 선택할 수 있는 것은 무엇인가?
4D 지속적인 기회구축	10	① 지금 쌓는 경험이 맥락 파악에 어떻게 도움이 되고 있는가? ② 다른 사람에게는 어떤 사례가 되는가?
	11	조직 맥락이 안 바뀐다면, 기회는 어디서 찾을 수 있는가?
	12	① 조직을 떠나도 남을 나의 자산은 무엇이 있는가? ② 당신은 그것을 어떻게 키우고 있는가?

6

감정, 약점이 아닌 엔진으로 쓰기

이번 장에서는 '여성은 감정적이다'라는 오래된 프레임을 넘어서는 지점에서 발상의 전환을 시작해 보려고 한다. 사회에서는 종종 여성 리더의 성과와 시간을 '잘 버텼다'라는 말로 표현해 왔다. 조직 안에서 의미 있는 성과를 만들어 내도 그것은 개인의 역량보다 운이나 상황 덕분으로 해석되었다. 갈등의 순간이나 압박 속에서도 여성 리더에게는 '감정을 겉으로 드러내지 말라'고 하는 암묵적인 요구가 따라붙었다. 감정을 느끼는 일은 인간의 자연스러운 반응이지만, 여성 리더에게 그 감정은 관리해야 할 약점처럼 취급되어 왔다. 그러나 버티는 일이 리더십의 조건이 되는 순간 여성 리더는 '이끄는 사람'이 아니라 '견뎌내야 하는 존재'로 규정된다. 견딤은 생존의 방식이 될 수는 있어도 지속 가능한 리더십의 언어가 되기는 어렵다. 이 장은 바로 그 지점에서 근본적인 질문을 던진다. 여성 리더는 언제까지 견뎌 내야만 하는가? 그리고 그 견딤은 정말 리더십의 본질인가? 이러한 물음에 답하기 위해 이번 장에서는 몇 가지 시선을 따라가 보려고 한다.

먼저, '여성은 감정적이다'라는 고정관념을 다시 들여다본다. 똑같은 눈물조차 여성에게는 업무에 취약한 증거로 해석하면서, 남성의 감정적 호소는 억울함의 서사로 해석하는 이중적 구조를 드러내고 있기 때문이다. 그러므로 문제는 감정 그 자체가 아니라 감정을 바라보는 사회적 해석에 있음을 짚어 본다.

다음으로, 여성리더에게 흔히 따르는 '결핍'이라는 동기를 오히려 동기부여의 에너지로 바꾸는 힘을 보여주려고 한다. 결핍은 누군가를 움츠리게도 만들지만, 동시에 방향을 만들기도 한다. 무엇인가 부족하다고 느낄 때 우리는 본능적으로 선택의 기로에 선다. 피할 것인지, 아니면 그 결핍을 정면으로 마주하고 바라볼 것인지 말이다.

또한 '반드시 센터에 서야 성공한 리더로 평가받

는다'라는 압박을 들여다본다. 많은 여성 리더들은 리더가 되면서 더 많이 말해야 하고, 더 완벽해야 하며, 흔들림 없는 모습으로 중심에 서있어야 한다고 믿는다. 그러나 조직의 진짜 중심은 과시나 완벽함에서 만들어지지 않는다. 경청하고, 질문하며, 자신 답게 존재하는 태도 속에서 사람들은 안정감을 느끼고 자발적으로 움직인다.

아울러, 6장의 마무리에서는 '나다움'으로 세상의 중심에 서는 여성리더의 전환점을 목격할 수 있다. '견딤의 시대를 지나 이끎의 시대'로 이동하기 위한 터닝 포인트를 보여주는 것이다. 감정을 숨기며 버텨온 시간 위에서 이제는 '감정으로 미래를 이끄는 리더십을 펼쳐보일 때'라는 시그널이다. 감정을 약점이 아닌 엔진으로 쓰는 아름다운 동행의 순간을 함께 만끽하고 싶은 열망이다. 결국 리더의 나다움이란 '나는 누구인가?'라는 물음에 진심으로 답하고 그 답을 행동으로 살아내는 여정이라는 것을 무한히 강조하고 싶다. 리더십은 외부가 아니라 '나다움'부터 시작한다는 선언이라고 보아도 좋다. 이제 함께 그 길을 걸어가 보자.

1.
'여성리더는 감정적이다'라는 프레임을 넘어

은행에 근무할 때의 일이다. 평소 잘 알고 지내던 한 남자 팀장이 점심시간에 이런 이야기를 꺼냈다. "팀원에게 업무적으로 잘못된 점을 지적했는데 갑자기 울더라고요. 여직원들은 참 어려워요. 왜 업무 얘기하는데 우는지 모르겠어요. 대체 뭘 어떻게 해야 하나 싶고. 팀장님도 그런 적 있어요?" 나는 뭐라고 답해야 할지 잠시 말문이 막혔다. 동의할 수도 없고, 그렇다고 정색하며 반박할 수도 없었다. 다만 마음속에서는 한 가지 질문이 계속 맴돌았다. '왜 여자라는 단서가 꼭 붙어야 할까?' 얼마 지나지 않아 또 다른 이야기가 들려왔다. 퇴직 면담 자리에서 한 남자 팀장이 상사 앞에서 울었다는 소문이었다. 그 팀장은 억울함을 토로했고, 사람들은 이렇게 말했다. "얼마나 억울했으면 남자가 울기까지 했겠어?" 같은 눈물인데 해석이 정반대였다. 여성의 눈물은 '감정적'으로, 남성의 눈물은 '사연'으로 읽혔다. 이 장면은 오래도록 내 머릿속에 남았다. 여성 리더가 감정을 드러내는 순간 그 감정은 개인의 성향이 되고, 남성 리더의 감정은 맥락과 서사를 가진 사건이 되는 구조. 이 프레임 안에서 많은 여성 리더들은 스스로를 검열한다. 울지 않으려고 애쓰고, 흔들리지 않으려고 더 단단해 보이려 한다. 때로는 차갑게 보이는 쪽을 택하기도 한다.

'감정적이다'와 '감정이 있다'는 전혀 다른 말이다

우리는 위 두 표현을 자구 혼용하지만, 실제로는 다르다. '감정적이다'에는 이성이 작동하지 않는다. 논리보다 감정이 앞선다는 부정적인 뉘앙스가 담겨 있다. 반면 '감정이 있다'는 것은 인간으로서 느끼고 반응할 수 있다는 뜻이다. 공감 능력과 감수성의 표현이다. 조직에서 여성에게 '감정적이다'라는 평가가 붙는 이유는 대개 감정이 드러난 '순간'만을 따로 보기 때문이다.

그 감정이 왜 생겼는지, 어떤 맥락에서 나온 것인지는 보지 않는다. 감정은 업무와 분리되어 개인 문제로 축소된다. 하지만 리더십의 관점에서 보면 감정은 제거해야 할 노이즈가 아니라 해석해야 할 정보에 가깝다. 예일대학교 감정지능센터의 마크 브래킷 교수는 감정을 이렇게 정의한다. "감정은 방해물이 아니라 데이터다. 그 데이커를 읽고 활용할 수 있을 때 리더십은 작동한다." 문제는 감정이 있느냐 없느냐가 아니다. 핵심은 감정을 '억누르느냐'와 '다루느냐' 이다.

감정을 억누르지 않았을 때 조직은 움직였다

처음 부서장을 맡았을 때 나는 몹시 긴장해 있었다. 어떻게 해야 이 부서를 잘 이끌 수 있을지 매일 고민했다. 리더십 책을 닥치는 대로 읽었다. 조금 과장하자면 한 트럭은 읽은 것 같다. 그런데도 닮은 보이지 않았다. 그러다 어느 날 문득 이런 생각이 들었다. '내가 혼자 답을 찾으려 하고 있구나.' 이미 우리 부서에는 각자의 자리에서 검증된 전문가들이 있었다. 내가 그들보다 모든 것을 더 잘할 수는 없었다. 내가 선택한 방식은 의외로 단순했다. 문구점에서 노트 한 권을 사서 직원들의 생일을 적기 시작했다. 그리고 마음속으로 1년 짜리 프로젝트를 하나 정했다. '생일마다 그 사람에게 어울리는 인생 책을 한 권씩 선물하자.' 물론 망설임도 있었다. 취향을 잘못 고르면 어쩌지? 빠뜨리면 더 어색해지지 않을까? 그래도 해보기로 했다.

생일 며칠 전부터 그 직원을 떠올렸다. 요즘 어떤 고민을 하는지, 어떤 말에 반응하는지. 책이 떠오르면 두 권을 주문했다. 한 권은 그에게, 한 권은 내가 먼저 읽기 위해서였다. 그 사람을 이해하려면 먼저 같은 페이지에 서야 한다고 생각했기 때문이다. 그렇게 1년을 보냈다. 부서는 매우 안정적으로 운영이 되었다. 나아가 성과도 따라왔다. 돌이켜보면 조직을 지탱했던 것은 통제나 지시가 아니라 서로를 이해하고 있다는 감각, 즉 공감이었다.

| AI시대, 감정은 더 중요해진다

지금 우리는 AI 시대를 살고 있다. 인공지능은 데이터를 분석하고, 예측하고, 의사결정을 돕는다. 그러나 여전히 대체하지 못하는 영역이 있다. 회의실의 미묘한 긴장, 말끝의 망설임, 눈빛의 불안 같은 정서적 신호다. 뉴질랜드 전 총리 재신다 아던은 코로나19 위기 속에서 이 감정의 영역을 리더십으로 보여주었다. 그녀는 단호한 결정과 함께 공감의 언어를 선택했다. "우리는 함께 이 시기를 이겨낼 수 있습니다. 지금은 서로를 지키기 위해 잠시 떨어져 있어야 합니다." 그 진정성은 국민들에게 안정감을 주었고, 코로나 위기를 잘 이겨낸 탁월한 성과의 사례로 증명되었다. 감정은 약점이 아니라 신뢰를 만드는 자산이다. 세계적인 컨설팅 회사인 맥킨지도 역시 미래 리더십의 핵심 역량으로 '정서적 민첩성'을 꼽는다. 이는 감정을 인식하고 조율하며, 관계를 신뢰로 연결하는 힘이다.

| 감정을 다루는 리더가 조직을 움직인다

여성 리더가 감정을 느끼는 것은 문제가 아니다. 중요한 것은 그 감정을 약점으로 오해하도록 만드는 프레임이다. 감정을 억누르면 조직은 조용해질 수 있다. 하지만 그 조용함은 안전이 아니라 위축일 때가 많다. 반대로 감정을 읽고, 이름 붙이고, 필요한 대화를 열어주면 조직은 다시 움직이기 시작한다. 이 장에서 분명히 하고 싶은 한 가지는 이것이다. "감정은 통제해야 할 결함이 아니라 리더십을 작동시키는 정보이자 도구다." 리더의 감정은 늘 어긋남을 먼저 감지한다. 관계에서, 역할에서, 혹은 기준에서 무엇인가 맞지 않다는 신호다. 그 신호를 지워버리면 문제는 여전히 남고, 그것을 해석하면 대화의 방향이 열린다. 여기서 리더십의 성격이 갈린다. 감정을 숨길수록 리더는 견디는 사람이 되고, 감정을 다룰수록 리더는 이끄는 사람이 된다. 바로 여기서 '견디는 리더십'은 '이끄는 리더십'으로 전환된다.

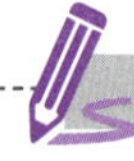

실천을 위한 한 마디

"감정적이라구요? 네, 저의 강점이랍니다!"

2.
나를 뛰게 하는 힘, '결핍'이라는 동기

저녁을 먹다 TV를 보는데, 드라마 속 장면이 자꾸 눈에 걸렸다. 여직원이 영업을 하겠다고 나서자 돌아오는 말. "여자가 영업은 무슨 영업이야." 문득 웃음이 났다. '어, 이거 내 얘기잖아?' 30년 전, 어렵게 들어간 대기업에서 남자 동기들은 자연스럽게 영업 현장으로 나갔지만 나는 아니었다. "여자는 영업이 힘들다", "홍보나 마케팅이 더 어울린다"라는 말이 당연하듯 따라붙었다. 하지만 나는 이미 경험이 있었다. 영업이 무엇인지는 물론이고 내가 그 일을 좋아하는 사람이라는 것까지. 스물다섯, 아무도 시키지 않았지만 PC 업체의 구매부서를 쫓아다니며 2만 카피의 라이센스를 팔아본 경험이 있었기 때문이다.

포기 대신 오기가 생겼다. '왜 나는 안된다는 전제로만 판단받아야 하지?' 3개월 동안 상사와 선배에게 끈질기게 이야기했고, 결국 손에 쥔 명함에는 '국내영업본부 프린터 영업부'라는 글자가 찍혔다. 그 명함은 직함이 아니라 내가 나를 증명해낸 결과였다. 그때 마음속에 새긴 문장이 있다. '내가 못하면 내 다음 사람은 기회조차 얻지 못한다.'는 각성이었다. 부족함은 늘 나를 움직이게 했다. 아이러니하게도 완벽히 갖춰진 순간보다 기회가 없을 때, 인정받지 못할 때, 시간도 사람도 부족할 때에 더 멀리 갔다.

| 부족한 순간이 우리를 움직인다

결핍은 나를 움츠리게도 하지만, 동시에 방향을 만든다. 무언가 부족할 때 우리는 선택해야 한다. 피할 것인지, 아니면 그 결핍을 정면으로 마주하고 바라볼 것인지. '결핍'은 보통 부정적으로 사용하지만, 실제로는 행동을 일으키는 가장 강력한 동기다. 심리학에서 말하는 성장 마인드셋 역시 같은 맥락이다. 제약과 실패를 '나에 대한 평가'가 아니라 '훈련의 과정'으로 받아들이는 태도가 그것이다. 부족함을 없애려 애쓰기보다 그것을 어떻게 다룰지를 고민하는 사람은 결국 앞으로 나아간다. 무언가 채워지지 않았을 때 사람은 멈추는 대신 움직이기도 한다. 많은 사람들이 '왜 나만?'이라는 질문에서 오래 머문다. 그러나 그 질문은 우리를 앞으로 보내주지 않는다. 대신 이렇게 묻는 순간, 방향이 바뀐다. "지금 이 부족함은 나에게 무엇을 요구하고 있는가?"

| 피하지 않고 이름을 붙였을 때

결핍을 기회로 바꾸는 첫걸음은 피하지 않고 이름을 붙이는 일이다. NGO에서 일하는 하팀장은 요즘 팀원들이 따르지 않아 좌절하고 있었다. 코칭을 하며 그 생각의 바닥을 함께 들여다보니 그녀가 통제력이 부족해서가 아니었다. 그녀가 힘들었던 진짜 것은 존중받고 싶다는 욕구가 채워지지 않았다는 점이다. 이걸 알아챈 후에 그녀는 방식을 바꿨다. 회의에서 지시 대신 공감형 질문을 던지기 시작했고, 그 변화는 팀의 반응을 달라지게 만들었다. 결핍의 밑바닥에 있던 욕구를 알아차린 순간 행동의 방향이 달라진 것이다. 결핍을 느낄 때 우리는 가장 먼저 감정을 붙잡는다. '섭섭하다', '짜증난다', '억울하다', '허무하다'. 하지만 감정은 목적지가 아니라 표지판이다. 그 뒤에는 항상 채워지지 않은 욕구가 숨어 있다.

육아휴직을 마치고 복직한 한 후배는 출근길 엘리베이터 안에서 묘한 불편함을 느꼈다고 했다. 자리도 그대로고 팀원들도 반갑게 맞아주었지만, 프로젝트의 핵심은 이미 다른 동료에게 넘어가 있었다. 회의에서 낸 의견은 스치듯 지나갔고 "우선 지금은 적응부터 하세요."라는 말이 돌아왔다. 한 달쯤 뒤, 동기와 이야기를 나누다 이런 질문을 들었다. "그래서 네가 진짜로 불편한 건 뭔데? 일이 없어서야? 아니면 그 일을 하고 싶은거야?" 그녀는 며칠을 고민한 끝에 깨달았다. 프로젝트를 못 맡아서가 아니라 '내가 여전히 필요한 사람인가?'라는 질문에 답을 듣지 못해 힘들었던 것이다. 이후 그녀는 스스로 움직였다. 팀 내 공유 문서를 정비하고, 프로젝트 데이터를 정리해 개선점을 제안했다. 누가 시킨 일은 아니었지만, 동료들의 반응은 분명했다. "역시 이 과장! 정말 도움됐어요!" 인정받고 싶다는 욕구를 행동으로 옮긴 순간, 결핍은 다시 성장의 연료가 되었다.

상사의 한 마디가 마음을 찌를 때가 있다. "아니, 보고서를 왜 이렇게 밖에 못 했어?" 이 말을 듣고 '기분이 나빴다'에서 멈추면 우리는 감정에 머문다. 하지만 한 걸음만 더 내려가 보면 그 안에는 이런 욕구가 숨어 있다. '나는 인정받고 싶다.', '나는 성장하고 있다는 신호를 듣고 싶다.' 결핍을 동기로 바꾸는 사람과 그렇지 못한 사람의 차이는 감정을 느끼느냐 마느냐가 아니다. 감정에서 한 걸음 더 들어가 그것을 욕구의 언어로 번역하느냐의 차이이다. 스스로에게 이렇게 물어볼 수 있다. "지금 이 감정 뒤에는 어떤 욕구가 숨어 있을까?", "나는 무엇을 원하는 걸까? 대체 무엇이 채워지지 않아 이렇게 힘든걸까?" 감정에 머물면 원망이 남고 욕구를 보면 방향이 생긴다. 결핍은 내가 어디로 가야 하는지를 알려주는 나침반이 된다.

| 사람을 키우는 힘, 결핍

욕구를 알아챘다고 해서 저절로 동기가 생기는 건 이니다. 그 다음 단계는 결핍을 내가 손댈 수 있는 자리로 옮기는 일이다. 많은 사람이 여기서 멈춘다. "조직이 이래서 안돼.", "사람은 안 바뀌어." 이렇게 말하는 순간 나는 아무것도 할 수 없는 사람이 된다. 반대로 질문을 바꾸면 선택지가 생긴다. 이 상황에서 내가 통제할 수 없는 것은 무엇인가? 그렇다면 부분적으로

라도 내가 선택할 수 있는 것은 무엇인가?

대리 시절, 의견이 통과되지 않아 답답해하던 내게 상사가 했던 질문이 있다. "이 대리 말 잘 알겠어. 그런데 이사님이 쉽게 바뀌지는 않을 거고, 이 상황에서 이 대리가 선택할 수 있는 한 가지는 뭘까?" 중요한 것은 '세상을 바꾸는 일'이 아니라 '내가 오늘 당장 바꿀 수 있는 지점'을 찾는 것이다. 어떤 이는 조직을 떠나고, 어떤 이는 조직 안에서 새로운 TF를 제안하며, 어떤 이는 멘토링과 교육이라는 방식으로 길을 튼다. '외부 환경이 이상적이기 때문에'가 아니라 그 환경 안에서 자신이 쥘 수 있는 핸들을 찾았기 때문에 결핍이 행동으로 전환된다. 물론 구조의 문제, 차별의 문제는 분명 존재한다. 다만, 그 모든 것을 바꾸기 전에 "이 현실 안에서 내가 당장 움직일 수 있는 부분은 어디인가?"를 찾는 것이 결핍을 동력으로 바꾸는 가장 현실적인 방법이다.

| 결핍은 나의 멘토

결핍은 나를 평가하는 잣대가 아니라 나를 훈련시키는 도구다. 나의 결핍에 이름을 붙이고 그 뒤에 숨은 욕구를 알아채는 것 만으로도 훌륭한 자기 인식이 된다. 지금 돌아보면 나를 가장 크게 성장시킨 것은 완벽했던 순간이 아니라 부족했던 시간들이었다. 기회가 닫혀 있었을 때, 인정받지 못했을 때, 혼자라고 느꼈을 때마다 그것을 견디는 대신 스스로에게 물었다. 결핍은 부족함의 증거가 아니다. 내가 여전히 성장하고 싶다는 증거다. 결핍을 경험한 사람은 타인의 결핍도 본다. 그래서 쉽게 판단하지 않고 대신 이해하려 한다. 그 공감이 관계를 만들고, 관계가 팀을 세운다. 완전함이 사람을 움직이는 것이 아니라 결핍을 품고도 앞으로 나아가는 리더가 결국 조직과 사람을 바꾼다.

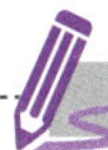 **실천을 위한 한 마디**

'결핍'을 성장의 연료이자 소통의 통로로 활용하세요. 당신의 삶과 팀을 바꾸는 강력한 에너지가 됩니다.

3.
애쓰지 않아도
이미 나는 센터

리더가 되면 많은 여성들이 비슷한 압박을 느낀다. '중심을 잡아야 한다', '흔들리면 안 된다', '내가 더 잘해야 한다'는 생각이다. 그래서 말은 더 조심스러워지고 결정은 더 무거워진다. 실수하지 않기 위해 더 애쓰고 빈틈을 보이지 않기 위해 스스로를 더 몰아붙인다. 하지만 현장에서 반복해서 보게 되는 장면이 있다. 이렇게 애쓰는 리더일수록 정작 팀은 방향을 잃는다. 리더가 너무 앞서 움직이거나 너무 많은 책임을 혼자 짊어지면 팀은 기다리게 되고, 눈치를 보게 되고, 판단을 미루게 된다. 중심을 잡으려는 노력은 종종 이것을 리더 혼자만의 자리로 착각하게 만든다.

| 센터는 만들어지는 자리가 아니다

몇 년 전, 한 대기업의 여성 중간관리자 교육에서 신임 팀장을 만났다. 입사 15년 차, 처음 팀장이 된 그녀는 늘 긴장 상태였다. "제가 말을 잘못하면 팀이 흔들릴 것 같아요. 그래서 회의 전에 계속 정리하고 미리 결론을 만들어둬요." 회의는 항상 매끄럽게 끝났지만, 이상하게 실행은 느렸다. 팀원들은 고개를 끄덕였지만, 스스로 판단하지 않았다. 결정은 늘 리더에게 다시 돌아왔다. 열심히 말했는데 정작 아무도 따라오지 않는 느낌이라는 그녀에게 이런 말을 건넸다. "혹시 팀이 판단을 연습할 기회를 못 갖고 있는 건 아닐까요?" 센터는 누군가가 서서 지키는 자리가 아니다. 사람들이 판단하고 움직일 수 있도록 구조가 잡히는 자리다. 리더가 모든 답을 들고 서 있을수록 팀은 중심이 아니라 외존을 배우게 된다. 조직에서 진짜 중심은 말의 양이 아니라 기준에서 나온다.

회의가 길어도 혼란스럽지 않은 팀은 무엇을 놓고 결정하는지가 분명하다. 반대로 회의는 금방 끝났는데 어떻게 해야 할지 방향이 없는 경우도 많다. 말이 부족해서가 아니라 기준이 없어서다. 그래서 센터에 서 있는 리더는 결론을 주지 않고 기준을 남긴다. 의견을 많이 내지 않아도 "지금 우리가 판단해야 할 기준이 뭔가요?"라는 질문을 던진다. 이 질문 하나로 감정은 정리되고, 의견은 정렬되며, 결정은 팀의 몫이 된다. 사람들은 누군가의 카리스마보다 기준이 분명한 상태에서 움직일 때 더 안정감을 느낀다.

| 존재감 있는 리더의 세 가지 태도

현장에서 만난 '애쓰지 않아도 중심이 되는 리더'들은 특별한 기술이 있다기 보다 태도가 달랐다.

첫째, 먼저 자기 상태를 인식한다. 회의나 갈등 앞에서 '지금 내가 조급한가? 불안한가?'를 먼저 알아차린다. 리더의 상태는 말보다 먼저 공간에 전달되기 때문이다.

둘째, 모든 책임을 끌어안지 않는다. 리더의 역할은 대신해주는 것이 아니라 판단의 자리를 설계하는 일이라는 것을 안다. 그래서 일부러 여백을 남긴다.

셋째, 흔들릴 때 돌아오는 기준이 있다. '지금 이 상황에서 내가 지켜야 할 원칙은 무엇인가?' 이 질문은 리더를 다시 중심으로 돌려놓는다.

이들은 완벽하지 않다. 다만 일관적이다. 그 일관성이 팀원들에게는 무한한 신뢰가 된다.

| 이미 중심에 서 있는 당신

리더의 중심은 직함에서 나오지 않는다. 애씀에서도, 완벽함에서도 나오지 않는다. '자기인식'에서 나온다. 내가 무엇을 중요하게 여기는지, 어디서 흔들리는지, 언제 판단을 서두르는지를 아는 사람은 굳이 증명하지 않아도 중심에 서 있다. 회의에서 가장 많이 말하지 않아도 된다. 항상 정답을 제시하지 않아도 된다. 앞에서 끌지 않아도 된다. 당신이 기준을 잃지 않고 사람을 존중하는 방식으로 그 자리에 서 있다면 팀은 이미 방향을 잡고 움직인다. 애쓰지 않아도 이미 당신은 센터다.

실천을 위한 한 마디

진짜 센터는 '경청과 배려'에서 만들어집니다.

'나다움'으로
세상의 중심에 서다

"안녕하세요. 오늘부터 함께 일하게 될 AI입니다. 저는 분석과 예측을 담당하고 당신은 판단과 실행을 맡습니다. 업무 시간과 선호하는 보고 방식은 무엇인가요? 불필요한 회의는 줄이겠습니다. 성과 기준은 투명하게 공유하고 문제는 발견 즉시 다루겠습니다. 서로의 강점을 낭비하지 않는 것이 목표입니다. 그럼, 현재 가장 우선순위가 높은 일부터 알려주세요." PC를 켜자 AI가 상급자로 부임해 인사말을 건넨다. 그다지 놀랍지 않다. 업무 전문성은 물론 그 누구와도 막힘없는 소통능력에 24시간 지치지 않고 일을 해낸다. 효율성 측면으로 보면 AI 상사야말로 최고의 리더다.

그렇다면 구성원들이 원하는 리더는 어떤 리더일까? 전문성? 효율성? 중단 없는 피드백? 우리는 어떤 리더를 좋은 리더로 정의할 수 있을까? 좋은 리더에 대한 수많은 이론들을 적당히 녹여내면 되는 것일까? 주변에 있는 좋은 리더라는 사람들을 하나씩 따라하다 보면 좋은 리더가 되는 것일까?

최근 한 교육기관의 리서치 보고서에 따르면 직장인들이 가장 중요하게 여기는 리더의 역할은 문제 해결 및 위기 관리, 조직 목표 달성과 성과 향상, 팀워크 강화, 구성원 육성 및 역량 개발 순으로 나타났다고 한다. 전국 공기업 및 사기업 재직자를 대상으로 한 조사에서는 중간관리직 리더의 주요 역할로 소통 및 팀워크 강화, 내·외부간 협력과 조율, 업무 조정 및 분배, 근무 분위기 및 조직문화 조성, 구성원 동기 부여 및 격려 등의 순서로 나타났다. 또 다른 조사에서는 가장 원하는 리더에 대한 질문(20~40대 직장인, 1,178명, 2024년, Weekly Biz)에 잘 가르쳐 주고 내 업무 역량을 키워주는 사람이 가장 많았는데, 리더십 세부 유형 가운데 조직원에게 가장 좋은 리더십이 무엇인지 묻자 코치형 리더(44.1%)를 1위로 꼽았다고 한다. 리더란 업무 전문가로서의 역량은 물론 구성원을 성장시키고 관계를 존중

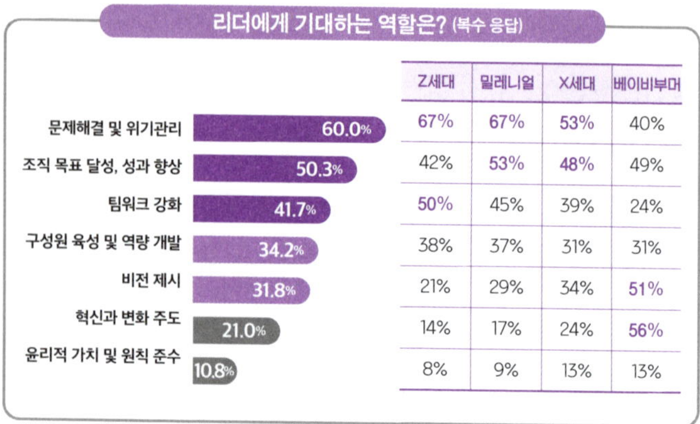

	Z세대	밀레니얼	X세대	베이비부머
문제해결 및 위기관리 60.0%	67%	67%	53%	40%
조직 목표 달성, 성과 향상 50.3%	42%	53%	48%	49%
팀워크 강화 41.7%	50%	45%	39%	24%
구성원 육성 및 역량 개발 34.2%	38%	37%	31%	31%
비전 제시 31.8%	21%	29%	34%	51%
혁신과 변화 주도 21.0%	14%	17%	24%	56%
윤리적 가치 및 원칙 준수 10.8%	8%	9%	13%	13%

출처: 2025년, 휴넷리더십센터

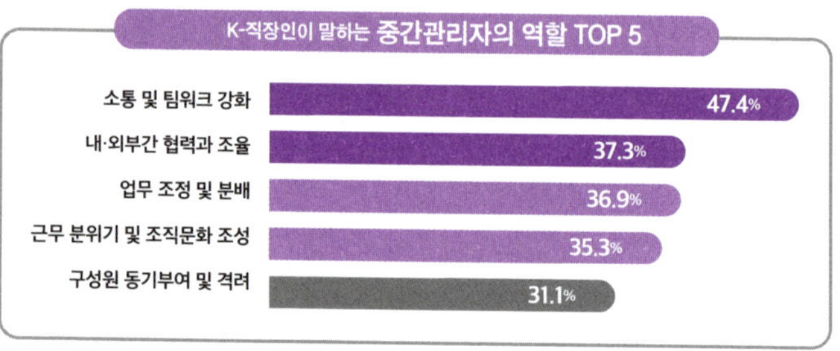

Base: 전국 19~36세 남녀 중 현재 공·사기업 재직자, 복수 응답 (1+2+3순위), n=850
출처: [데이터] 2030 직장인의 리더 인식 기획조사 2025, 대학내일20대연구소, 2025.03.27

하는 역할을 기대하고 있음을 알 수 있는 결과다.

갤럽의 2025 글로벌 리더십 보고서 내용에 따르면, 2005년 미국 내 성인 1만명을 대상으로 리더에게 기대하는 희망, 신뢰, 연민, 안정의 4가지 핵심욕구를 밝혀냈는데, 20년이 지난 2025년 52개국 3만명의 직장인과 비직장인을 대상으로 한 새로운 조사 결과 희망

(56%), 신뢰(33%)의 순이었다고 한다. 나의 일상에 가장 긍정적인 영향을 주는 리더는 누구인가? 그 사람이 나의 삶에 기여하는 점을 나타내는 세가지 단어를 적어본다면? 이라는 두 가지 질문에 대한 답이었는데 동서고금을 막론하고 우리가 리더들에게 보여달라고 하는 것은 여전히 '믿고 나아갈 수 있는 긍정적인 미래의 모습'인 것이다.

좋은 리더로 인정받는 '리더의 알맹이', 전문성만이 아닌 다른 '무엇', '믿고 나아갈 수 있는'이 공통적으로 가리키는 방향은 무엇일까? 리더의 고유한 방식으로 신뢰를 주고 미래를 보여주는 리더가 가진 힘은 어떻게 정의될 수 있을까? 그 힘은 리더의 '나다움'이다.

리더의 나다움은 개인이 가지는 '자기중심적인 나 다움' 보다 더 섬세하고, 원대하며, 진실하다. 리더에게 기대하는 영향력 때문이다. 리더의 영향력은 가치관의 빛깔로 더 선명하게 나타날 수 있다. 리더가 가진 가치관이 나다움이라는 프리즘(Prism)을 통과했을 때 팔로워들은 '무엇을 할 것인가?'가 아니라 '누구와 어디로 가고 있는가?'를 보게 된다. 그렇다면 리더가 가진 나다움의 프리즘은 어떻게 형성되는 걸까?

첫째, 리더 자신의 '강점'과 '감정'을 알아야(Self

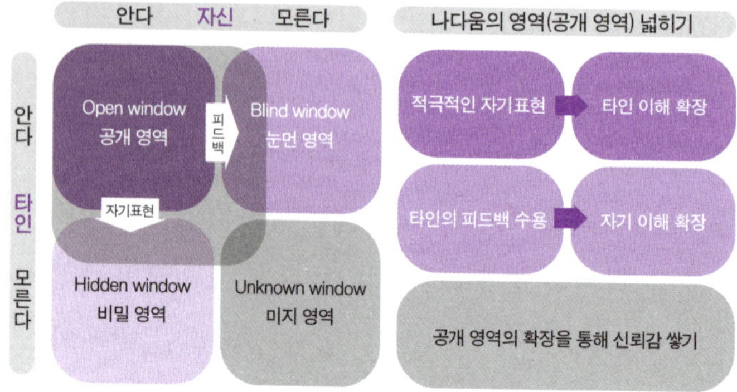

조하리의 창을 활용한 나다움의 영역 넓히기

Awareness)한다. 리더의 자기이해는 스스로에 대해 인지하는 것만으로는 부족하다. 리더는 타인에게 영향력을 미치는 사람이기에 타인의 눈을 통한 자기이해와 성찰이 중요하다. 스스로를 안다는 것은 경계할 것이 무엇인지 구분할 수 있는 중요한 시작이다. 미국의 심리학자 조셉 루프트(Joseph Luft)와 해링턴 잉햄(Harrington Ingham)이 제시한 조하리의 창(Johari Window) 이론은 '자기인식'의 중요성을 잘 보여준다. 이 이론은 인간의 자아를 '열린 창', '숨겨진 창', '보이지 않는 창', '미지의 창'이라는 네 가지 창으로 구분하며 이 창을 통해 인지하는 자신에 대한 인식이 관계의 질과 성장의 가능성에 영향을 미친다고 말한다.

먼저, 열린 창(공개 영역)은 자신과 타인 모두가 알

고 있는 자신의 모습으로 신뢰와 소통의 기반이 된다. 리더가 자신의 강점, 가치관, 행동 특성을 명확히 이해하고 이를 솔직하게 드러낼 때 팀원들은 그 리더를 예측 가능하고 일관성 있는 사람으로 인식한다. 자신의 강점이 과하게 표현되어 맹점이 되거나 강점을 과소평가하여 숨겼을 때 리더십의 에너지는 흐트러지고 구성원들은 리더의 의도를 읽지 못해 혼란을 느끼며 힘들어 한다.

숨겨진 창(비밀 영역)은 자신은 알지만 타인은 모르는 부분이다. 이는 리더가 자신을 드러내지 않으려는 방어 또는 회피에서 비롯된다. '나다움'은 완벽함이 아니라 인간적인 진솔함에서 나오는 것이므로 자신의 감정(두려움, 불안, 혹은 열정 등)을 적절히 표현할 수 있어야 한다. 감정을 억누르는 리더보다 감정을 수용하고 왜곡되지 않게 표현하는 리더가 팀을 더 안정감 있고 건강하게 이끈다.

보이지 않는 창(눈먼 영역)은 타인은 알고 있지만 자신은 모르는 영역이다. 이 영역을 줄이는 것은 '피드백'을 통해 가능하다. 특히 내가 잘 사용하는 강점이 맹점의 결과로 표현될 수 있기에 나다운 리더는 비판을 회피하지 않고 오히려 타인의 관점을 통해 자신을 확장한다. 구성원들에게 "나는 어떤 리더인가?"라는 질문을 용기 있게 던지고, 열린 마음으로 경청할 때, 리더십은 성숙해진다.

마지막으로 미지의 창(미지 영역)은 자신과 타인 모두 모르는 가능성의 영역이다. 이곳은 성장의 잠재력이다. 자신을 깊이 탐구하는 리더는 이 영역을 새로운 도전과 학습을 통해 넓혀간다. 자기인식이 깊을수록 미지의 가능성은 더 빨리 발견된다.

결국 리더란 '내가 누구인지', '무엇을 중요하게 여기는지', '어떤 감정이 나를 움직이는지'를 아는 사람이다. 나를 아는 리더는 열린 창을 끊임없이 넓혀가는 사람이다. 자신을 비추는 거울이 맑을수록 리더십의 폭도 넓어진다. 자신을 아는 리더만이 타인의 마음을 이해하고 진정한 영향력을 발휘할 수 있다.

> **✓ POINT**
>
> ## 리더를 위한 5가지 질문과 성찰
>
> ① 나는 나의 강점을 명확히 알고 있으며, 그것을 리더십에 어떻게 활용하고 있는가?
>
> 내가 잘한다고 알고 있는 것과 실제로 구성원들이 그렇게 느끼는 것과 차이점을 알아보자.

내가 알고 있는 것, 타인이 인정하는 것, 진단도구를 활용한 결과 등을 코치와 함께 이야기해보자.

② 나의 감정은 리더십 상황에서 어떤 방식으로 드러나는가?

어떤 감정이든 좋다. 그 감정이 내 리더십의 메시지를 어떻게 전달하고 있는지 살펴보자.

2주간 하루동안 3~4개의 특정 시점을 정하여 자신의 감정과 원인에 대해 적어보자.

내가 주로 느끼는 감정은 어떠한가? 그 감정을 일으키는 주요 원인은 사람인가, 상황인가?

③ 주변 사람들이 나에 대해 자주 하는 피드백 중, 내가 받아들이기 어려운 것은 무엇인가?

불편한 피드백에 나의 어떤 신념이 반영되어 있는지, 나의 맹점이 발동하고 있는지 알아보자.

원온원 미팅은 구성원들의 이야기를 잘 들어주는 시간이다. 그들이 생각하는 나에 대한 피드백을 차분히 듣고 리더십 향상의 기회로 삼아보자.

④ 나는 구성원들과 나의 생각이나 감정을 어느 정도까지 솔직히 공유하고 있는가?

'공유의 밀도'가 신뢰의 깊이를 결정한다. 숨겨둔 영역이라고 판단될수록 자주 점검해보자.

리더가 먼저 자신의 감정과 생각을 구체적으로 이야기할

때 불필요한 에너지를 아낄 수 있다.

⑤ 아직 발견되지 않은 나의 가능성(미지의 창)은 무엇이 라고 생각하는가?

새로운 역할, 배움, 관계의 방식 속에서 내 안의 잠재된 리더십을 꺼내 시험해보자.

미지의 세계는 불안과 두려움을 동반한다. 불안과 두려움의 크기는 성장의 크기와 정비례한다.

둘째, 리더는 자신의 명확한 가치관(Value Based Leadership)을 가지고 있어야 한다. 리더십은 수많은 선택의 연속이다. 그 선택은 단지 무엇에 대한 방향만이 아니라 리더가 세상을 바라보는 기준을 보여준다. 리더가 명확한 가치에 기반하지 않고 결정을 내리면 그 결정은 환경 변화에 나아갈 기회를 놓치게 되고, 결국 조직은 방향을 잃고 구성원은 혼란을 겪는다. 그렇기에 가치는 리더의 나침반이다. '공정', '성장', '신뢰', '협력' 등 어떤 단어가 중심에 있든 중요한 것은 일관성이다. 가치가 분명할수록 리더는 외부 압력에도 흔들림 없이 돌파구를 찾아낼 수 있다. 구성원들은 리더가 무엇을 말하는지 보다 무엇을 기준으로 결정하는지를 통해 신뢰를 느낀다. 특히 딜레마 상황에서 리더는 자신

이 세운 가치의 우선순위가 조직의 MVC와 정렬되는
지, 그 기준으로 구성원들을 돕고 설득할 수 있는지 등
을 고려해야 한다. 리더가 일관된 가치를 기준으로 선
택할 수 있을 때 추진력을 얻고 멀리 나아갈 수 있는 것
이다.

마지막으로 리더는 진정성(Authentic Leadership) 있
는 행동을 통해 자신을 드러내야 한다. 조직에서나 구
성원들은 어떤 순간에 당신을 떠올리는가? 골이 깊어
진 갈등을 돌파할 순간인가? 입장이 다른 모두를 아우
를 순간인가? 안 될 이유가 가득한 새로운 프로젝트를
시작할 순간인가? 성과를 나눌 공정함이 필요한 순간
인가? 어떤 순간에서 당신이 떠올랐다면 그들에게 당
신의 진정성을 보여준 경험이 축적된 것이며 스스로의
브랜딩에 성공한 것이라고 할 수 있겠다. 당신의 진정
성이 발현되는 순간은 어떤 순간인가?

리더의 진정성은 말의 강도가 아니라, 말과 행동
이 얼마나 일치하는가에서 드러난다. 구성원들은 리더
의 언행을 매일 관찰하며 신뢰의 잔고를 쌓아간다. 진
정성 있는 리더는 실수를 인정하고, 약점을 숨기지 않
으며, 배움의 태도로 행동한다. 완벽하지 않아도 신뢰
받는 이유다. 그 어떤 순간에도 그 누구를 대상으로 하

더라도 존중과 인정과 연민과 경청의 태도를 느낄 수 있다. 진정성은 결국 일관된 행동의 누적이다. 리더의 태도, 감정 조절, 피드백 방식이 모두 리더의 진짜 얼굴을 만든다.

리더의 진정성을 점검하는 5가지 질문

① 나의 말과 행동은 일관성을 가지는가?

② 실수를 했을 때 나는 어떤 방식으로 책임지는가?

③ 구성원들은 나의 어떤 점에서 진심을 느끼는가?

④ 내가 중요하게 여기는 가치가 실제 삶(행동, 말, 선택) 속에서 구현되고 있는가?

⑤ 진정성이 흔들릴 때 나를 회복시키는 나만의 루틴은 무엇인가?

나다운 리더로 살아간다는 것은 리더의 '삶의 태도'를 보여줄 때 드러난다. 리더는 자신이 누구인지 아는 데서 출발하여, 자신이 중요하게 여기는 가치를 기준으로 선택하고, 그 선택을 진정성 있는 행동으로 드러내며 자신만의 리더십을 완성시킨다. 결국 리더의 나다움이란 '나는 누구인가?'라는 물음에 진심으로 답하고 그 답을 행동으로 살아내는 여정이다. 리더십의 시작은 외부가 아니라 나의 안에서부터 시작된다. 자신의 내면을 이해하고 그것을 일과 관계 속에서 진실하게 표현할 때 리더는 조직에 따뜻한 울림을 남긴다. 따뜻한 울림으로 그들의 내면을 덥혀 온기를 발산하게 하는 것. 그 울림이 바로 좋은 리더, 나다운 리더의 증거이다.

실천을 위한 한 마디

'나다움'은 진정성의 실천에서 완성됩니다. 표현하고 행동하세요.

다음과 같은 질문에 선택 및 체크해보면서 스스로를 재점검해 보는 시간을 가져보세요. (최근 자신의 감정상태를 생각해보고 진술하게 적는 것이 좋습니다)

하이엔드 4D코칭	문항	코칭 질문
1D 자기 이해하기	1	최근 가장 힘들었던 감정은 무엇인가?
	2	그 감정에 이름을 붙인다면? (분노? 불안? 슬픔?)
	3	혹시 '감정적'이라는 말이 두려워 숨기고 있는 감정이 있는가? 만약 있다면 어떤 감정인가?
2D 환경 탐색하기	4	감정을 솔직하게 말했다가 내 상황이 위험했던 경험이 있는가? 만약 있다면 언제였고 어떤 감정이었는가?
	5	최근 받은 피드백 중, 감정적으로 불편했던 것은 무엇인가?
	6	나의 감정을 억누르지 않고 표현하려면 어떻게 하는 것이 좋은가?
3D 행동 설계하기	7	평소 나를 지탱하는 긍정적인 감정은 무엇인가?
	8	'견디는 리더'가 아닌 '이끄는 리더'가 되려면 감정을 어떻게 써야 하는가?
	9	나의 감정이 리더십으로 발휘되는 순간은 언제인가?
4D 지속적인 기회구축	10	이 감정을 '나는 ○○○을 원한다'로 바꾸면 무엇으로 표현할 수 있는가?
	11	조직에서 감정을 강점으로 쓴 성공 경험이 있는가?
	12	조직을 떠나도 남을 나의 감정적 강점은 무엇인가?

이제 당신의
하이엔드 코칭을 시작하자!

사실 고백하자면 우리 다섯 명이 이 책을 함께 쓴 것은 '과거의 우리'를 위해서였다. 월요일 아침 6시에 울리는 알람에 몸을 일으키고 새벽 1시에 노트북을 덮으며 한숨을 쉬던 그 시절의 나에게, 그리고 '열심히 하면 언젠가 알아주겠지'라는 믿음 하나로 20대, 30대, 40대, 그리고 50대를 버텨낸 우리에게 꼭 해주고 싶은 말이 있었기 때문이다.

거래처 임원 앞에서 '당신의 매니저는 어디 있느냐'는 질문을 받고도 울지 않으려 입술을 깨물었던 날, 신임 팀장이 되어 매일 밤 남몰래 눈물 흘리던 날, 완벽해 보이려다 팀원들과 멀어졌던 날. "여자끼리가 더 힘들다.”라는 편견 섞인 말들이 얼마나 오랫동안 우리를 짓눌렀는지 모른다. 우리는 결핍을 들키지 않으려 완벽이라는 갑옷을 입고 탈진할 때까지 뛰었다. ‘애쓰지 않아도 이미 나는 무대의 주인공’이라는 단순한 진리를 깨닫기까지 우리는 너무 먼 길을 돌아왔다. 우리는 완벽한 롤모델이 아닐 수 있다. 하지만 누구보다 치열하게 살아낸 ‘롤리얼(Role Real)’이다. 흔들렸고, 실수했고, 도망치고 싶었지만, 끝내 다시 일어섰다. 그래서 우리는 당신의 그 막막함을 뼛속 깊이 이해한다.

| 나답게, 깊게, 정교하게

이 책은 당신을 ‘완벽한 슈퍼우먼’으로 만드는 비법서가 아니다. 대신 성과, 관계, 맥락, 감정이라는 4가지 엔진을 장착해 당신만의 속도로 비행하는 ‘하이엔드 코칭 설계도’이다. 이 설계도의 핵심은 딱 세 단어다.

첫째, ‘나답게(Be Yourself)’. 신임 팀장 시절, 강하고 단호한 ‘남성 리더’의 가면을 쓰려다 실패했다. 후배가 “요즘 팀장님, 예전과 달라요.”라고 했을 때 비로소 깨달았다. 차분함은 안정감이 되고 섬세함은 디테일이 된다. 억지로 꾸며낸 카리스마는 3일을 넘기지 못하지만, ‘나다움’에서 나오는 리더십은 평생을 간다. 당신의 기질, 당신의 언어로 리드하라. 그것이 가장 강력하다.

둘째, '깊게(Be Deep)'. 성과가 안 나오면 노력을, 관계가 힘들면 성격을 탓하지 마라. 하이엔드 코칭은 표면의 증상이 아닌 '뿌리의 원인'을 본다. 발표 불안은 실력 부족이 아니라 과거의 트라우마 때문일 수 있고, 성과 부진은 무능이 아니라 성과의 '가시성(Visibility)'을 확보하지 못했기 때문일 수 있다. 현상이 아닌 본질을 꿰뚫는 눈. 그것이 깊게 보는 힘이다.

셋째, '정교하게(Be Precise)'. 같은 말도 회의실의 공기에 따라, 상대와의 관계에 따라 다르게 설계해야 한다. 무작정 "자신감을 가지세요!"라고 외치는 것은 코칭이 아니다. 누구에게(Who), 어떤 맥락에서(Context), 무엇을 얻기 위해(Goal) 말할 것인가를 치밀하게 계산하는 것. 당신의 상황과 감정에 맞춰 전략적으로 움직이는 디테일. 그것이 정교함이다.

변화는 거창한 결심이 아닌, 오늘의 작은 실천에서

우리가 수백 명의 리더를 코칭하며 배운 단 하나의 진실이 있다. "완벽한 리더는 없다. 다만 흔들림을 인정하고 수정하는 리더가 있을 뿐이다." 이 책을 덮는 순간이 진짜 시작이다. 거창한 목표는 필요 없다. 오늘 당장 할 수 있는 아주 작은 '마이크로 실천'이면 충분하다.

월요일 회의에서 손을 들고 딱 한 번만 더 질문을 던져보자. 당신의 존재감을 알리는 신호탄이 된다. 수요일 오후에는 노트를 펴고 '이번 달 내 이름으로 남길 성과' 한 줄을 적어보자. 목표가 선명하면 흔들리지 않는다. 금요일 퇴근 전에 10분만 투자해 이번 주 내가 이룬 작은 성취를 기록하자. 기록되지 않은 성과는 연기처럼 사라진다. 이 작은 점들이 모여 선이 되고, 그 선들이 모여 당신이라는 고유한 리더십이 완성된다. 3개월 뒤 당신은 회의실의 공기를 주도할 것이고, 1년 뒤엔 또 다른 후배에게 손을 내밀고 있을 것이다.

| 당신은 결코 혼자가 아니다

혹시 아직도 두려운가? 그렇다면 기억했으면 좋겠다. 우리 5명의 언니들이, 그리고 이 책을 먼저 읽고 길을 나선 수천 명의 동료들이 당신 곁에 있다. 지금 이 순간에도 누군가는 당신처럼 회의실 문 앞에서 심호흡을 하고, 노트북 앞에서 고민하고 있다. 우리는 같은 고민, 같은 꿈으로 연결된 '성장 공동체'다.

10년 뒤, 당신은 어떤 모습으로 기억되고 싶은

가? 그저 열심히만 했던 사람? 아니면 자신만의 색깔로 우아하게 성과를 낸 사람? 우리는 후자를 선택했고, 그것이 우리를 여기까지 이끌었다. 이제 바통은 당신에게 넘어갔다. 내일 아침 알람이 울리면, 당신은 다시 치열한 현장으로 나갈 것이다. 하지만 어제의 당신과는 다르다. 성과와 관계, 맥락과 감정을 동시에 운영하는 '하이엔드 코칭'이라는 무기가 당신 손에 들려 있으니까. 자, 이제 진짜 당신만의 게임을 시작해보자.

나답게, 깊게, 그리고 정교하게!

참고문헌

프롤로그

1. McKinsey & Company, & LeanIn.Org. (2025). *Women in the Work place 2025*.
2. 한국여성정책연구원. (2025). *여성 관리자 실태조사*.
3. Bohnet, I. et al. (2025). *Gender Equality by Design. Behavioral Public Policy*.
4. S&P Global. (2025, 9월). *When Women Lead, Firms Win*.
5. World Economic Forum. (2025). *Global Gender Gap Report*
6. Harvard Business Review. (2025, 3월), *The 4 Styles of Coaching and When to Use Them*.
7. MIT Sloan School of Management. (2025), *The Future of Leadership: From Command to Coach*.
8. Deloitte. (2025). *Global Human Capital Trends 2025*.
9. UC Berkeley Haas School of Business. (2025). *Gender and Leadership Effectiveness in the Post-Pandemic Era*.
10. Stanford Graduate School of Business. (2025). *Leadership Attribution Bias*.

1장. 5인 5색 코치의 '롤모델'이 아닌 '롤리얼'로 남는다는 것

1. Seligman, M. E. P., & Csikszentmihalyi, M. (2000). Positive psychology: An introduction. *American Psychologist*.
2. Seligman, M. E. P. (2011). Flourish: A Visionary New Understanding of Happiness and Well-being. Free Press.
3. Grant, A. M. (2007). Relational job design / Prosocial motivation.
4. Peterson, J. B. (2018). 12 Rules for Life: An Antidote to Chaos. Random House Canada.
5. 3P자기경영연구소 제품/문구: "우리가 하는 일의 열매는 다른 사람의 나무에서 열린다."

2장. AI가 못 가르치는 회사 생존기술 '하이엔드 코칭'

1. McKinsey & Company, & LeanIn.Org. (2024). *Women in the Workplace 2024: The 10th-anniversary report.*

2. Harvard Business Review. (2023, May 18). *More Than 50% of Managers Feel Burned Out.*

3. LinkedIn Talent Solutions. (n.d.). *Gender Insights Report: How Women Find Jobs Differently*

4. LinkedIn Newsroom. (2019, March 5). *LinkedIn releases new gender insights report*

5. World Economic Forum. (2024). *Global Gender Gap Report 2024.*

6. 이코노미스트(The Economist) 유리천장 지수(Glass-Ceiling Index) 관련 보도자료. (2025, March 6). 경향신문.

7. 국회도서관(NANET) 해외동향. *(2025, March 6).* 이코노미스트.

8. Mohr, T. S. (2014, August 25). *Why Women Don't Apply for Jobs Unless They're 100% Qualified.* Harvard Business Review.

9. Forbes Communications Council. (2022, May 19). *Does Mentoring Still Matter For Fortune 500 Companies?*

3장. 성과_ 내 이름으로 성과내기

1. Frankl, V. E. (1959). *Man's Search for Meaning.* Beacon Press.

2. Mohr, T. S. (2014). Why Women Don't Apply for Jobs Unless They're 100% Qualified. *Harvard Business Review.*

3. McClelland, D. C. (1973). Testing for Competence Rather Than for "Intelligence". *American Psychologist, 28*(1), 1-14.

4. Rogers, C. R. (1957). The Necessary and Sufficient Conditions of Therapeutic Personality Change. *Journal of Consulting Psychology, 21*(2), 95-103.

5. Mayer, R. C., Davis, J. H., & Schoorman, F. D. (1995). An Integrative Model of Organizational Trust. *Academy of Management Review, 20*(3), 709-734.

6. Frei, F. X., & Morriss, A. (2020). Begin with Trust. *Harvard Business Review*.

7. Colquitt, J. A., Conlon, D. E., Wesson, M. J., Porter, C. O. L. H., & Ng, K. Y. (2001). Justice at the Millennium: A Meta-Analytic Review of 25 Years of Organizational Justice Research. *Journal of Applied Psychology, 86*(3), 425-445.

8. KPMG LLP. (2020). KPMG Study Finds 75% of Female Executives Have Experienced Imposter Syndrome in Their Careers (press release).

4장. 관계_다정함과 단호함 사이

1. Granovetter, M. S. (1973). The Strength of Weak Ties. *American Journal of Sociology, 78*(6), 1360-1380.

2. Fisher, R., Ury, W., & Patton, B. (2011). *Getting to Yes: Negotiating Agreement Without Giving In* (3rd ed.). Penguin Books.

3. Patterson, K., Grenny, J., McMillan, R., & Switzler, A. (2012). *Crucial Conversations: Tools for Talking When Stakes Are High* (2nd ed.). McGraw-Hill.

4. Stone, D., Patton, B., & Heen, S. (2010). *Difficult Conversations: How to Discuss What Matters Most* (2nd ed.). Penguin Books.

5. Kim, S. C., & Mauborgne, R. (2014). *Blue Ocean Strategy* (Expanded ed.). Harvard Business Review Press.

6. Scott, K. (2017).*Radical Candor: Be a Kick-Ass Boss Without Losing Your Humanity*. St. Martin's Press.

7. Center for Creative Leadership. (n.d.).SBI Feedback Model(Situation-Behavior-Impact)

8. Twenge, J. M. (2017). *iGen: Why Today's Super-Connected Kids Are Growing Up Less Rebellious, More Tolerant, Less Happy*. Atria Books.

5장. 맥락_프레임을 바꾸면 판이 달라진다

1. Granovetter, M. S. (1973). *The Strength of Weak Ties*. American Journal of Sociology.
2. Williams, J. C., & Dempsey, R. (2014). *What Works for Women at Work: Four Patterns Working Women Need to Know*. NYU Press.
3. Williams, J. C. (2014-). *Bias Interrupters / The 4 Patterns of Gender Bias*.
4. Derks, B., Van Laar, C., & Ellemers, N. (2011). *The Queen Bee Phenomenon: Why Women Leaders Distance Themselves from Junior Women*. British Journal of Social Psychology.
5. Derks, B., Van Laar, C., Ellemers, N., et al. (2016). *Gender bias and the queen bee phenomenon*.
6. Catalyst. (2007). *The Double-Bind Dilemma for Women in Leadership: Damned if You Do, Doomed if You Don't*. Catalyst Report.
7. Guillén, L. (2018, March 26). *Is the Confidence Gap Between Men and Women a Myth?* Harvard Business Review.
8. Festinger, L. (1954). *A Theory of Social Comparison Processes*. Human Relations.
9. McKinsey & Company, & LeanIn.Org. (2022). *Women in the Work place 2022*. Joint Report.
10. Ibarra, H., Carter, N. M., & Silva, C. (2010). *Why Men Still Get More Promotions than Women*. Harvard Business Review.
11. Claman, P. (2010). *Forget Mentors: Employ a Personal Board of Directors*. Harvard Business Review.
12. Schein, E. H. (2010). *Organizational Culture and Leadership* (4th ed.). Jossey-Bass.
13. Rogers, C. R. (1961). *On Becoming a Person: A Therapist's View of Psychotherapy*. Houghton Mifflin.

6장. 감정_약점이 아닌 엔진으로 쓰기

1. Brackett, M. (2019). *Permission to Feel: Unlocking the Power of Emotions to Help Our Kids, Ourselves, and Our Society Thrive.*

2. Dweck, C. S. (2006). *Mindset: The New Psychology of Success.* Random House.

3. David, S. (2016). *Emotional Agility: Get Unstuck, Embrace Change, and Thrive in Work and Life.* Avery.

4. Rath, T., & Conchie, B. (2008). *Strengths Based Leadership: Great Leaders, Teams, and Why People Follow.* Gallup Press.

5. Luft, J., & Ingham, H. (1955). *The Johari Window: A graphic model of interpersonal awareness.*

6. 김문경. (2025).『식스먼스』플랜비디자인.

7. Avolio, B. J., & Gardner, W. L. (2005). Authentic leadership development: Getting to the root of positive forms of leadership. *The Leadership Quarterly, 16*(3), 315-338.

8. Walumbwa, F. O., Avolio, B. J., Gardner, W. L., Wernsing, T. S., & Peterson, S. J. (2008). Authentic leadership: Development and validation of a theory-based measure. *Journal of Management, 34*(1), 89-126.

9. Williams, J. C., & Dempsey, R. (2014). *What Works for Women at Work: Four Patterns Working Women Need to Know.* NYU Press.

10. Derks, B., Van Laar, C., & Ellemers, N. (2011). Do sexist organizational cultures create the Queen Bee? *British Journal of Social Psychology.*

11. Catalyst. (n.d.). *The Double-Bind Dilemma for Women in Leadership* (Infographic/Resource). Jamieson, K. H. (1995). Beyond the Double Bind: Women and Leadership. Oxford University Press.

12. 대학내일20대연구소. (2025).

13. 동아일보. (2024). "직장인들이 원하는 리더는 '코치형 리더'" 관련 기사.

14. 농민신문. (2025). "조직에서 바라는 리더/역할" 관련 설문·리서치 보도.

우리 **팀장님**이 가장 필요한 것 **1위?**

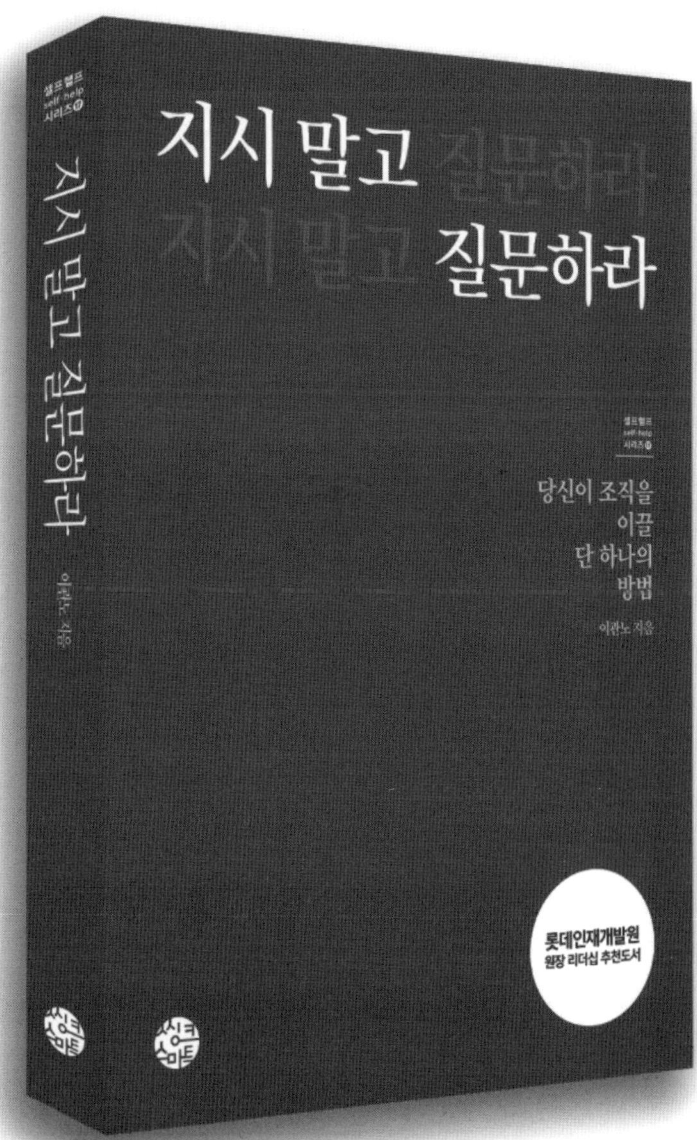

신입사원을 위한 회사 적응 가이드북

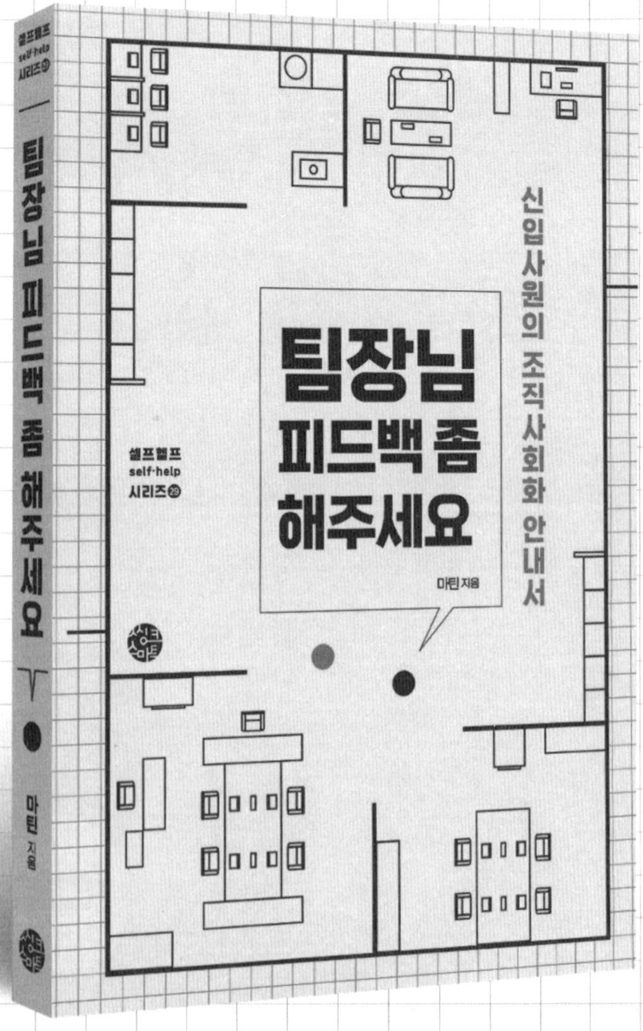

팀장님 피드백 좀 해주세요 ㅣ 마틴 지음